JN015557

文レベルで徹底
英語発音トレーニング

牧野武彦 *Takehiko Makino*

音声無料
ダウンロード

研究社

文レベルで徹底
英語発音トレーニング

PRINTED IN JAPAN

目次

ダウンロード音声について

本書の発音音声は、研究社のホームページ（www.kenkyusha.co.jp）から、以下の手順で無料ダウンロードできます（MP3 データ）。

（1）研究社ホームページのトップページで「音声・各種資料ダウンロード」をクリックして「音声・各種資料ダウンロード」のページに移動してください。

（2）移動したページの「文レベルで徹底　英語発音トレーニング」の紹介欄に「ダウンロード」ボタンがありますので、それをクリックしてください。

（3）クリック後、ファイルのダウンロードが始まります。ダウンロード完了後、解凍してご利用ください。

・音声ファイルは、章ごとにフォルダー分けしてあります。
・各章とも出てくる順にファイルを並べてあります。

序章　トレーニングの前に

英語を正しく発音するために必要なこと

英語を正しく発音するために必要なことは、次の４点に集約できます。

①　個々の音を正しく発音する
②　個々の単語を正しく発音する
③　単語と単語の間を適切につなげる
④　適切なアクセント、イントネーション、区切りを使う

①で言う「個々の音」とは、英語で区別する必要がある音のことです。専門用語ではこれを**音素**と呼びます。簡単に言えば、発音記号の読み方のことです。たとえばcatという単語は /k, æ, t/ という３つの音素からなっています。英語の発音指南書で、この点を説明し、実際に口に出して練習させていないものはないと思います。

②は個々の単語の発音です。単語の発音は、個々の音が連鎖してできあがっているわけですが、何の音の連鎖から成り立っているのかをきちんと知らなければ、個別の音が正しく発音できても、その単語を正しく発音することはできません。たとえばwarmの発音は /ˈwɔɚm/ ですが、これを誤って /ˈwɑɚm/ と発音してしまうと、当然ながらこの単語だと認識してもらえません。

個々の単語の発音が大事なことぐらい分かっているよ、と思われるかも知れません。しかし、私が日頃大学生に英語を教えている中で感じることとして、**比較的基本的な単語でさえ、発音がきちんとできている人は決して多くない**のです。ですから、個々の単語の発音が重要であると強調することには十分な意義があります。この点については、次の節でもう少し考察します。私の知るところでは、ここに着目している発音教則本はほとんどありません。

③は語末の音と次の単語の最初の音を適切につなげるということです。たとえば、in an hour で、in と an それぞれの語末の /n/ を次の単語の最初の母音と切れ目なくつなげることや、did you で did の語末の /d/ が you の語頭の /j/ と融合して /dʒ/ となり、全体が diju のような発音になるというようなことです。個々の音、個々の単語の発音がうまくできても、これらをうまくつなげられなければスムーズな発音とは言えません。

④は文（話しことばなのでより厳密には**発話**）の区切り方、アクセント、イントネーションの使い方です。意味的にもっとも重要な単語にアクセントを置く、Yes-no 疑問文の最後では上昇イントネーションを使う、といったことです。

英語の発音を学ぶとき、③と④の項目はやや軽視されがちです。もちろん、③と④について説明している教則本は多くあります。しかし、原則の説明はしていても、提示する例の数が足りず、多くの例を使って徹底的に練習するというところまでは行っていないものがほとんどだと思います。

本書では、以上４つの点を理論的にも実践的にもきちんと取り扱い、十分な量のトレーニングをすることで、発音の向上を目指します。

単語の発音の重要性

それでは、②の「個々の単語を正しく発音できること」についてもう少し考えます。

読者の皆さんは英語を学び始めたばかりの頃、教師から「単語を覚えるときは発音も一緒に覚えるように」と指導されていたはずです。ですが、言うは易く行うは難しで、それを忠実に実行できていた人は非常に少ないのではないでしょうか。学習が進むにつれて覚えるべき単語の数は増え、気がつけば、数千～1 万を超える単語を知っていながら、それぞれの単語の正しい発音を知らない、今さら覚え直すのも大変、という人がほとんどでしょう。

単語の発音を学ぶ方法として、いわゆる「フォニックス」を標榜する発音学習書があります。これは単語のつづり字と発音の対応関係を学ぶことで、単語のつづりを見ただけで発音を（ある程度は）推測できるようになるという学習法です。一定の法則を覚えればいいので、単語の発音を個別に覚える負担がなくなる、というのがメリットの 1 つとされています。

ですが、これは本質的な解決にはなりません。よく知られていることですが、英語のつづり字と発音の関係は複雑で、同じつづりでも複数の違う発音（＝音素）に対応している場合がたくさんあります。同じつづり字 <ea> が、head では /e/、beat では /iː/ である理由を説明できる法則はありません。

そしてこれもよく知られたことですが、つづり字と発音の対応関係には、特に基本的な単語で例外（said /ˈsed/, son /ˈsʌn/, island /ˈaɪlənd/ など）が数多くあります。

もちろん、だからといってフォニックスが何の役に立たないと言いたいわけではありませんが、最終的には単語の発音を 1 つひとつ覚えるというところに戻らざるを得ないのです。

基本 1000 語の発音を正しく覚えよう

それでは、知っている単語の発音をすべて覚え直さなければならないのでしょうか。完璧を目指すならその通りです。しかし、非母語話者として英語を使う私たちは、必ずしもすべてにおいて完璧な発音を使わなくてもいいでしょう。

そのための目安として、本書では**基本 1000 語、つまり中学校レベルの単語の発音を正しく覚える**ことを提唱します。それができれば、話しことばの発音の 9 割近くが正しいものになるからです。

これにはデータの裏付けがあります。American National Corpus という大規模なアメリカ英語のコーパス（Ide and Suderman 2004）で、話しことばで使われている単語の頻度を調べると、語彙素にして上位 1047 位までが全体の 90% を占めています。「語彙素」とは、様々な変化形をまとめた「単語」のことで、たとえば語彙素 be には be, am, are, is, was, were, being, been という語形が含まれます。参考までに、語形では 1465 位までで 90% です。これはつまり、上位 1000 語の発音が正しくできれば、発話の 90% は正しい発音で話せるということになります。もちろん、話者の個性や TPO によって使われる単語は変わるので、「上位 1000 語で 90%」がすべてに通用するわけではありません。

ですが、基本的な単語の発音ができていれば、その他の単語の発音の正確性も増すはずですから、最初の目標として妥当なものであることは間違いないと思います。

練習材料の中にどのような発音なのか自信のない単語が含まれると、発音そのものの練習に集中できなくなる恐れがありますので、それが避けられるという意味でも利点があるでしょう。

以上が、本書で「基本1000語の発音を正しく覚えよう」と提唱する理由です。その1000語の選択については、『ライトハウス英和辞典』第6版の「最重要基本語」(*印が3つ付いた語) が約1000語ですので、これを採用します。

本書の構成

本書は英語の発音全般をトレーニングすることを目的としています。したがって、上記の4つの点をすべて取り扱いますが、効果的な練習とするために、次のような構成で扱います。

まず第I部理論編として、英語の発音の基礎的な「部品」を学びます。

第1章：単語のアクセント、文のアクセント、イントネーション

第2章：母音の発音

第3章：子音の発音

第II部実践編は、実際の文を用いた練習です。

第4〜11章：短文を用いた発音の実習

第12章：まとめとして、短めのパッセージを音読

第I部で母音や子音の前に、アクセント・イントネーションを学ぶ (第1章) という順序を採っていることには理由があります。それは、英語が**アクセントの有無により現れる母音の種類が違う**という特徴を持つ言語だからです。加えて、一部の子音の発音もアクセントの有無により影響を受けます。そのため、個別の母音・子音の発音を学ぶ前に、少なくともアクセントの付け方を学んでおく必要があります。英語には「イントネーションによってアクセントを表す」という特徴もありますので、アクセントとイントネーションはまとめて学ぶのが

適切です (6 ページの④)。

第 2 章と第 3 章では個別の音を学びます (上記の①)。本書は英語の個々の音についてはひととおり知っている読者を主な対象としていますが、音声学の基礎的な考え方を学ぶことで更なる向上を目指していただきます。基本的なことから説明しており、使っている単語も基本的なものに制限しているため、初学者でも利用していただくことは可能です。

次に、第II部で文を用いた発音のトレーニングに移ります。第 4〜11 章では単文を用いた練習をします。ここが量的には最も多く、本書の主要部分となります。用いる用例はすべて基本 1000 語で構成します (上記の②)。発音学習の内容としては、第 1〜3 章で学んだ内容に上乗せする形で、単語と単語のつながり (上記の③)、アクセント・イントネーション (上記の④) について、実例に則して様々なパターンや法則を学び、トレーニングします。理論的な話も少し含まれますが、多くの文を使った実践から体得することが重要ですので、このような形にしています。

最後はパッセージの音読です (第 12 章)。アクセント・イントネーションは文脈による力点の置き方によって様々に形を変えるため、この形でのおさらいがどうしても必要です。

そのパッセージをここで先に挙げておきましょう。これはアメリカの社会言語学者ウィリアム・ラボーヴ (William Labov /ləˈboʊv/) がニューヨーカーの言葉を調査するために用いた文 (Labov 1966) に、私が微調整を加えたものです。ニューヨークの英語の発音の特徴が表れやすい単語 (Mary, merry, carry, Carey, dark, dock, source, sauce, bad, bared など) を選択しているという意味では少し癖があり、また、本書で提唱する基本 1000 語を超える単語も含まれていますが、とても生き生きとした内容で、現実のニューヨークが舞台になっているため、臨場感もあります (時代設定が古いのは、調査が行われたのが 20 世紀中旬ですから仕方がないですね)。そのため、アクセント・イントネーションの練習に特に適しているでしょう。

試しに、ナレーターがナチュラルスピードで朗読したものを聞いてみてください。**音声**

Last Saturday night I took Mary Parker to the Paramount Theatre. I wanted to go and see *The Jazz Singer*, but Mary got her finger in the pie. She hates jazz, because she can't carry a tune, and besides, she never misses a new film with Cary Grant. Well, we were waiting in line about half an hour, when some farmer from Kansas or somewhere asked us how to get to Palisades Amusement Park.

Naturally, I told him to take a bus at the Port Authority Garage on 8th Avenue, but Mary right away said no, he should take the I.R.T. to 125th Street, and go down the escalator. She actually thought the ferry was still running.

"You're certainly in the dark," I told her. "They tore down that dock ten years ago, when you were in diapers."

"And what's the source of your information, Roger?" She used her sweet-and-sour tone of voice, like ketchup mixed with tomato sauce. "Are they running submarines to the Jersey shore?"

When Mary starts to sound humorous, that's bad: merry hell is sure to break loose. I remembered the verse from the Bible about a good woman being worth more than rubies, and I bared my teeth in some kind of a smile. "Don't tell this man any fairy tales about a ferry. He can't go that way."

"Oh yes he can!" she said. Just then a little old lady, as thin as my grandmother, came up shaking a tin can, and this farmer asked her the same question. She suggested that he ask a subway guard. My god! I thought, that's one sure way to get lost in New York City.

Well, I managed to sleep through the worst part of the picture, and the stage show wasn't too hard to bear, which was a pleasure for me. Then I wanted to go and have a bottle of beer, but she had to have a chocolate milk at Chock Full O' Nuts. Chalk this up as a total loss, I told myself. I bet that farmer is still wandering around looking for the 125th Street Ferry.

＊

【和訳】

先週の土曜の夜、メリー・パーカーをパラマウント・シアターに連れて行った。僕は「ジャズ・シンガー」を観に行きたかったのだが、メリーが口出しをしてきた。彼女はジャズが嫌いなのだ。それは自分が正確に歌えないからだ。加えて、彼女はケリー・グラントが出演する映画を見逃さない。それで僕たちは列に並び、30分ほど待っていた。すると、カンザスかどこかから来た農夫がパリセーズ遊園地への行き方をきいてきた。

当然、僕は8番街にあるポート・オーソリティの車庫からバスに乗ればいいと伝えた。ところがメリーがすぐに違うと言ってきた。インターバーロー・ラピッド・トランジットで125丁目まで行って、エスカレーターを下ればいいというのだ。つまり、彼女はあのフェリーがまだ動いていると思っているのだ

「君は本当に事情を知らないんだな」と僕は彼女に言った。「あの埠頭は10年前に取り壊されたんだよ。君はその頃まだオムツをはいていたかな」

「ロジャー、どこであなたはその情報を仕入れたの？」彼女は甘酸っぱい声の調子を使って言った。まるでケチャップにトマトソースを混ぜたような声だった。「じゃあ、ニュージャージー側の岸まで潜水艦でも運航されていると言うの？」

メリーがおどけた口ぶりになるのは悪い状況だ。まず間違いなく、楽しい地獄が解き放たれてしまうだろう。僕は聖書の一節の、よい女性はルビーよりも価値が高いという話を思い出し、歯を見せて微笑みらしきものを作った。「この人に、フェリーについてのおとぎ話なんてしちゃダメだ。その行き方では行けないんだから」

「行けるわよ！」と彼女は言った。ちょうどそのとき、僕の祖母と同じくらい痩せこけた、背の小さな老婦人が、ブリキの缶を鳴らしながらやって来た。そして、あの農夫はその女にも同じ質問をした。女は地下鉄の車掌に聞けば？　と提案した。何てことだ、と僕は思った。それこそ、ニューヨークで道に迷う確実な1つのやり方だ。

さて、僕は映画の最悪の部分は眠って切り抜けた。そして、ステージショーの場面はそれほど耐えるのが難しくはなかった。それは僕には喜ばしいことだった。それから、僕はビールを1本飲みに行きたいと思ったが、彼女はチョック・フロ・ナッツでチョコミルクを飲まなきゃと言った。これは完全な負けとして記録しよう、と僕は内心で自分に言い聞かせた。間違いなく、あの農夫は125丁目のフェリーを探してさまよっているだろうな。

*

本書のナレーターはカリフォルニア出身で、カリフォルニアの発音の特徴を持っているため、この発音でニューヨークの住人になり切ろうとすることには多少の無理も実はあるのですが、そこは措いておきましょう。

本書での学習を始める前に、読者の皆さんは現在の「初期値」としてこのパッセージを音読して録音しておき、練習を終えた後に改めて録音して比べることで、上達を確認するというのもいいのではないでしょうか。

第 I 部
理論編

1 アクセントとイントネーション

1.1 アクセントとイントネーションの重要性

それでは、最初にアクセントとイントネーションから学んでいくことにします。第 1 章でも少し触れましたが、英語ではアクセントの有無により母音や子音の現れ方が異なるからです。

母音について詳しくは次の第 2 章で扱いますが、現時点で知っておくべきなのは、母音の中で**強母音に分類されるものは、アクセントのあるところでもないところでも現れるのに対し、弱母音に分類されるものは、アクセントのないところでのみ現れる**ということです。たとえば about /əˈbaʊt/［音声］に含まれる 2 つの母音のうち、最初の /ə/ は弱母音のためアクセントのないところにしか分布しません。これに対し、2 番目の /aʊ/ は強母音で、この単語の中ではアクセントのあるところに現れています。

子音について詳しくは第 4 章で扱いますが、**一部の子音の発音も、その部分にアクセントがあるかどうかによって影響を受けます。**たとえば notice /ˈnoʊt̬əs/［音声］の語中の /t̬/ が、日本語のラ行音のように舌先で上の歯茎をはじいた音（たたき音と呼びます）になるのは、この音の後の母音がアクセントを持たない場合です。

そのため、**アクセントを正しく発音し分けられることが正しい母音と子音を習得する前提**となります。それが、アクセントとイントネーションを先に扱う必要がある理由です。

「通じる」発音のためには、個々の音が正しいことよりも、適切なアクセント・イントネーションを使うことが必要であるとよく言われます。実際、母語話者に発音を評定させる実験をすると、**アクセントとイントネーションの適切さは初級者から上級者にいたるまで評価の基準とされる一方で、個々の音の適**

切さが問題にされるのは上級者のみであるという研究が存在します (Saito, Trofimovich and Issacs 2016)。このことだけからアクセントとイントネーションを最優先にすべきと直接的に言うことはできませんが、重要度が高いことを疑う余地はありません。

また、アクセントとイントネーションは、学びはじめの頃にきちんと練習することで比較的容易に身につけることができます。それにもかかわらず、初級段階で必ずしも十分な指導が行われているとは思えません。本章では、それを補うために、必要となる大まかな枠組みをできる限りかみ砕いて説明していきます。様々なパターンを用いた具体的な練習は第II部で行います。

1.2 アクセントとは

ここまで定義なしにアクセント、イントネーションという言葉を使ってきましたので、これを最初に説明しておきましょう。

まず**アクセント**とは、個々の**音節** (主に母音を中心とした音声のまとまり) の強弱のことです。ただし強弱と言っても観念上のもので、実際に「強弱」を作り出しているのは、声の高さ、声の強さなど、言語により違いがあります。日本語にもアクセントがありますが、日本語のアクセントは、もっぱら声の高さ (音声学では**ピッチ**と呼びます。「速さ」とは関係ないので注意して下さい) の調節により実現されます。

英語のアクセントは、「強さ」により実現されるとよく言われ、そのような考え方から、アクセントのことを**強勢**またはそれに対応する英語 stress から**ストレス**と呼ぶことがよくあります。あるいは、英語のアクセントは強さアクセントで、日本語の高さアクセントとは違う、という説明を聞いたことがある人もいるでしょう。英語を教わる際にアクセントのあるところを強く発音するように指導された人も多いかも知れません。

ですが、英語のアクセントは、実際にはどの母音が含まれるのかという点に加えて、**声の高さ (ピッチ) の調節と、音節の長さによって実現されます。**これについては後でもっと詳しく説明しますが、たとえば、Saturday /ˈsæt̬ɚˌdeɪ/ [音声] は /ˈsæ/, /t̬ɚ/, /ˌdeɪ/ という 3 音節からなり、最初の /sæ/ にアクセント (この場合は第１アクセント）があるのは、この音節の中心にある母音が長く、ここで高いピッチから低いピッチへの下降が始まるからです。２番目の /t̬ɚ/ にアクセントがないのは、この音節が短い上に、ピッチは /sæ/ から始まった下降をそのまま継続しているだけだからです。（これはイントネーションが下降調の場合です。他のイントネーションでは違う動きをします。）

日本語話者が英語のアクセントを「強く」発音しようとすることには弊害もあるようです。ある研究は、被験者に英語のアクセントを強く読むように指示したところ、かえってその音節を短く発音してしまう傾向があったことを報告しています（鈴木 1992）。これは私の憶測ですが、日本語話者は強さを「歯切れの良さ」と結びつけてしまうからなのかも知れません。

◉日本語のアクセントとの対比

アクセントに限らず英語の発音を学ぶ際、母語である日本語のパターンと対比することが有効です。日本語の「癖」を認識することで、どこに注意したらいいのかが明らかになるためです。ここでは日本語のアクセントがどのような性質を持つのか、確認してみましょう。

練習	日本語のアクセント

- **「今は」と言ってみて、声の高さの動きを観察してください。**
  … 最初の「イ」が高く、その後の「マワ」が低くなっているはずです。
- **「居間は」と言ってみて、声の高さの動きを観察してください。**
  … 最初の「イ」は低く、２番目の「マ」を高く、最後の「ワ」はまた低くなっているはずです。

日本語（共通語）のアクセントは、ある音節から次の音節に向けてピッチを下げることにより示されます。「今は」では最初の「イ」、「居間は」では２番目の「マ」にアクセントがあります。

日本語では英語と違い、アクセントのある音節が長くなることはありません。たとえば、「鬼さん」の「ニ」の母音を長くすると「お兄さん」になってしまい、アクセントではなく母音を追加することになってしまいますね。また、日本語のアクセントは常に「高→低」という動きですが、英語では何のイントネーションなのかにより、動き方が変わります。これについては次のセクションで扱います。

1.3 イントネーションとは

次に**イントネーション**ですが、これは発話全体、または発話の中の「まとまり」の意味に影響するような、ピッチ（声の高さ）の変動のことです。

上で、英語のアクセントはピッチの調節によって示されると書きました。英語のイントネーションは、まさにそのアクセントのピッチの変動によって表現されます。そして、そのピッチ変動のあり方により、**下降調、上昇調、下降上昇調、平坦調**という4つの**音調**（イントネーションの部品となるピッチ変動のパターン）に分類されます。それぞれの音調がどのような性質を持つのか、例を示しながら説明します。

次の図は、Noという1音節の単語を、下降調、上昇調、下降上昇調、平坦調で発音したものを音響分析し、**基本周波数**の変動を折れ線グラフ化したものです。基本周波数は1秒あたりの声帯（首の中で、気管と咽頭の境界にある喉頭内部のひだ）の振動数のことで、ピッチの変動を示します。重要なのは相対的な変化なので、折れ線グラフの曲線のみを取り出して示してあります。練習の第一歩として、このようなピッチの動きになるように発音してみて下さい。

練習	**下降調、上昇調、下降上昇調、平坦調による "No."** **音声**

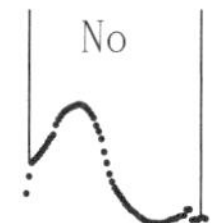

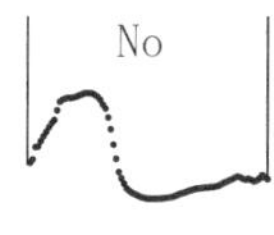

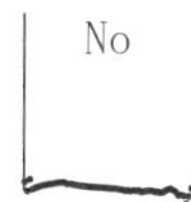

たとえ単語であっても、発音すれば発話（＝文）になります。そしてすべての英語の発話は、必ずアクセントを最低限1つ含み、そのアクセントは何らかの音調を伴って発音されます。つまり、この4つのNoはいずれも1つの発話であり、Noという唯一の音節にアクセントがあり、そのアクセントは4種類の音

調によって実現されているわけです。

下降調の No は、普通に「いいえ」と断言する言い方です。上昇調の No は、「違いますか？」と問いかけています。下降上昇調の No は、「違うけどね…」と含みを持たせています。平坦調の例は、母音が変化して /ˈnæ/ となっており、Nah と綴られることもある発音です。「違うよ！」と強く反論するような場合に使われます。

それぞれの音調のピッチの変動はグラフ（折れ線グラフ）で表されているとおりです。下降調では高いところから下がり、上昇調は低いところから上昇します。下降上昇調は、高いところからいったん下がった後で少し上昇します。平坦調は、ピッチの上下動がない、平らなパターンです。

このように、英語のイントネーションは、語のアクセントのピッチ変動により表現されます。これはあくまでも 1 音節からなる発話の場合の実態です。英語のイントネーションは、音節の数や、その中でどこにアクセントが来るのかにより様々な動きを持ちますが、それについては後のセクションで扱います。

◉日本語のイントネーションとの対比

英語の 2 音節以上の発話のイントネーションを扱う前に、ここで簡単に日本語のイントネーションを見ておきましょう。アクセントの場合と同様、日本語の「癖」を認識することで、英語のイントネーションを練習する際に注意すべき点が明らかになるからです。

練習	日本語のイントネーション

- **「雨」と普通に言ってみてください。**
  … 「ア」が高く「メ」が低くなるはずです。
- **「雨？」と質問するように言ってみて下さい。**
  … 「ア」が高い点は同じですが、「メ」は低いところから上昇するような動きになるはずです。

この上昇部分の有無が日本語のイントネーションの区別に相当します。1 つめのパターンは「無印」、2 つめは「上昇」です。この他にもパターンはありますが、英語の発音を扱う本書では詳しく見る必要はないでしょう。常に発話の最後、または発話の途中の区切りの直前の音節で起こることがわかれば十分です。**句末音調**とも呼ばれます。

日本語ではアクセントのためにもイントネーションのためにもピッチを使っているため、アクセントとイントネーションを区別するのが難しくなっています。そのせいか、アクセントのことも日常語では「イントネーション」と呼ばれることが多いようです。ただ、イントネーションは基本的に発話の末尾に現れるのに対し、アクセントはそうではない、という点で区別ができます。

これに対して英語では、発話の中の様々な場所でイントネーションのためのピッチの変動が起こり、最後の音節でのみ起こるということはほとんどありません。具体的には次のセクションで練習しますが、ここでこのことを押さえておいて下さい。

【補足】

ここでは、英語のイントネーションを例示した上記のグラフの読み方について疑問を持った読者のために、補足説明をしておきます。ここまでの説明で納得できた方は飛ばして構いません。

まず1つめの下降調と3つめの下降上昇調の違いが分かりにくいかも知れません。どちらも下降した後、少し上昇しているからです。違いは、下降調の最後の上昇は非常にわずかで時間も短いのに対し、下降上昇調ではもっと早めに上昇が始まっていることです。絶対的な差異ではありませんが、これが最後に少し上昇していると知覚されるかどうかの違いになっています。また下降調の多くの例では、このような上昇部分が存在しません。

次に、下降調と下降上昇調のイントネーションは、本来はいきなり高いところから始まり下降するはずですが、ここでは中程度の高さで始まり、いったん上昇してから下降に移っています。声帯の振動をゼロからいきなり速い状態にすることが不可能であるために、やや低めに始まってから周波数が上がっているのです（自動車が停止状態からいきなり時速60kmになることは不可能で、徐々に加速するしかないのと似ています）。これも通常はこの部分が「上昇」として認識されることはありません。

4つめの平坦調で「平坦」と言いながら少し下り気味になっているのも気になるかもしれません。これは**自然下降**と言って、通常の音声では、平坦に発音しているつもりでも、自然に徐々にピッチは下がっていくのです。それが「下がっている」ものとして認識されることはありません。そこが音楽での音の高さとは異なる点です。このように微妙に下げようとしなくても、ことばを使うときは自然にこのようになりますから、特に気にする必要はありません。

1.4 単語のアクセントとイントネーション

それでは、英語の 2 音節以上の単語のアクセントとイントネーションを見ることにします。最初に、wonderful という 3 音節の単語を、上記と同様の 4 つの音調（下降調・上昇調・下降上昇調・平坦調）で発音するとどうなるのかを見ます。

この単語は最初の音節 won- にアクセントがあり（＝強い）、後に続く 2 音節（-der-, -ful）にはアクセントがない（＝弱い）というパターンです。このようなアクセントのパターンを**アクセント型**と呼びます。「アクセントがある」「アクセントがない」と言う代わりに「強アクセントがある」「弱アクセントがある」という言い方をする場合もあります。この言い方を利用して、本書ではこの単語のアクセント型を「強・弱・弱」と略記することにします。また、発音表記の中では、強アクセントを持つ音節の直前に /ˈ/ を置いて示します（日本で刊行されている英語教材のほとんどでは、母音記号の上に /´/ をつけて /wʌ́ndɚfɫ/ のように表していますが、本書では IPA の正規の方式に従っています）。

練習	下降調、上昇調、下降上昇調、平坦調による “Wonderful.” 音声

• **wonderful** /ˈwʌndɚfɫ/「強・弱・弱」

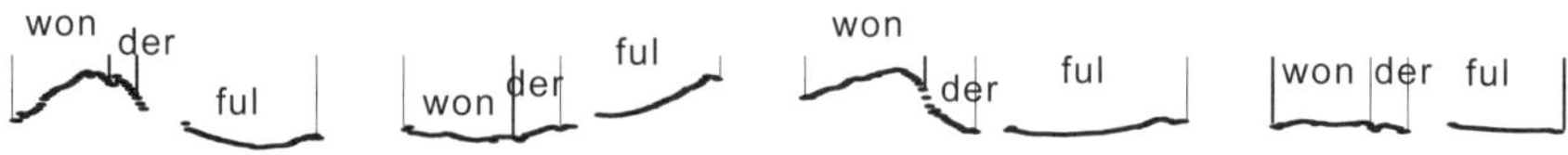

曲線を見ると、ピッチの変動が滑らかでなくなったり、途切れたりしているのが気になるかと思います。これは基本周波数を乱す子音（破裂音と摩擦音）や、/f/ のような無声音（声帯の振動を伴わないために基本周波数が存在しない音）が入っていることによります。それでも知覚上はピッチが途切れて聞こえるこ

とはなく、大まかに見れば、No の場合と同様の曲線として捉えることができます。以下の説明を読みながら、よく音を聞いて、なぞって発音してみて下さい。

まず1つめの下降調の場合ですが、アクセントがある最初の won- から次の音節に向けて大きく下がり、あとの -derful でも少し下がります (いちばん最後で少し上昇していますが、無視できる範囲です)。2つめの上昇調では、アクセントがある won- から最後までずっと上昇を続けます。3つめの下降上昇調の場合、アクセントのある won- で高いところから下降を始め、次の -der- はその下降の延長線上です。そして最後の -ful で少し上昇します。4つめの平坦調ではどの音節のピッチもほぼ同じで全体に平坦です。

弱アクセントを持つ音節 -der- に着目すると、いずれの音調でも、強アクセントで始まったピッチ変動の一部をなしています。言い方を変えれば、**弱アクセントは独自のピッチ変動を持たない**ということです。

また、英語のアクセントは音節の長さにより実現される部分が大きいのも特徴です。上記の基本周波数の曲線には音節ごとに区切った縦線をつけているため、音節の相対的な長さも分かります。それを見ると、アクセントのある音節である won- は長く、次の弱音節 -der- は短くなっています。その後の -ful も弱音節ですが、これは発話の末尾に位置していることにより、かなり長くなっています。末尾の音節は、アクセントの有無にかかわらず長くなるということです。これに対して日本語では、アクセントの有無や、発話の末尾かどうかということによって音節の長さに違いが出ることはありません。

◉日本語のイントネーションとの違い

wonderful のイントネーションのピッチ変動は、日本語のパターンとどのように異なるでしょうか。最もはっきり違いが出るのは上昇調のイントネーションです。前のセクションで説明したとおり、日本語では、単語のアクセントとは別に、発話の末尾でイントネーションが起こります。

つまり、wonderful を誤って日本語的な上昇イントネーションで発音してしまうと、won- から -der- にかけてアクセントのためにピッチが下がり、最後の -ful で句末音調のためにピッチが上がることになります。結果として、英語の下降上昇調と同じようなピッチの動きになってしまうことでしょう。場合によっては、**発話の意図が誤って伝わる可能性があります。**

これに対し、下降調では日本語でも音節の長さ以外には大差ありません。下降上昇調については、今説明したように、日本語話者が上昇調のつもりで発音するとこれに似たものになります。平坦調は、日本語に実はたくさんある「アクセントのない」単語(「大学」「英語」など、ピッチの下がり目がないもの)のパターンに似ていると言えるかもしれません。

1.5 様々なアクセント型とイントネーション

上では「強・弱・弱」のアクセント型の単語 wonderful のイントネーションを見ましたが、他の音節数・アクセント型を持つ単語についても、4種類の音調で発音したものを通して練習しておきましょう。以下のようなパターンを扱います。

- **強アクセントが最初に1つだけ含まれるもの：**「強・弱」「強・弱・弱・弱」
- **強アクセントよりも前に弱アクセントがあるもの：**「弱・強」
- **強アクセントの前にも後にも弱アクセントがあるもの：**「弱・強・弱」「弱・強・弱・弱」
- **強アクセントを2つ含むもの(第1アクセントが先に現れ、後に第2アクセントがある型)：**「第1・第2」「第1・弱・第2」「第1・弱・第2・弱」「第1・第2・弱」「弱・第1・弱・第2」
- **強アクセントを2つ含むもの(第2アクセントが先に現れ、後に第1アクセントがある型)：**「第2・第1」「第2・第1・弱」「第2・第1・弱・弱」「第2・弱・第1」「第2・弱・第1・弱」「第2・弱・第1・弱・弱」

上で述べたように、単語といえども発音すればそれは発話で、アクセントとイントネーションを伴います。そして、アクセントとイントネーションの性質は単語と文でほぼ共通です。そのため、**単語で様々なパターンを練習することが、文のアクセントとイントネーションを適切に用いる第一歩になる**のです。すべて、よく聞いて注意深くなぞって発音してみて下さい。

◉強アクセントが最初に1つだけ含まれる単語

ここで扱うのは、上記の wonderful と同様に、最初に強アクセントが1つだけあり、他の音節は弱アクセントを持つ単語です。アクセント型としては「強・弱」「強・弱・弱・弱」があります。

練習	下降調、上昇調、下降上昇調、平坦調による "April." 音声

• **April /ˈeɪprəɫ/** アクセント型は「強・弱」

練習	下降調、上昇調、下降上昇調、平坦調による "Difficulty." 音声

• **difficulty /ˈdɪfɪkəɫti/**「強・弱・弱・弱」

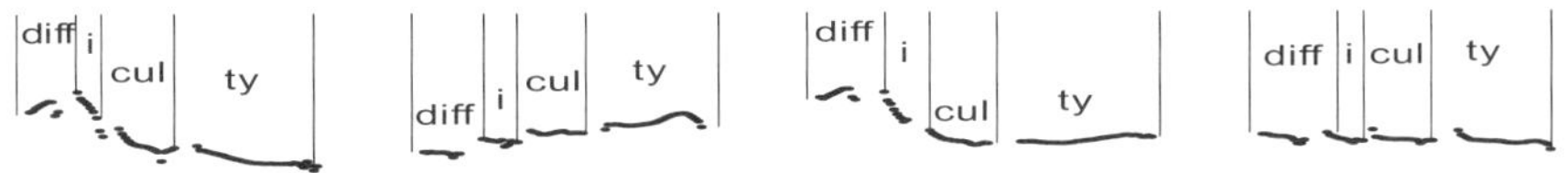

このような場合、強アクセントの後の弱アクセントは、強アクセントで始まった音調のパターンに従います。すなわち、下降調では、強アクセントで一気に下がったピッチのまま、声域の低いところを（自然下降のために徐々に下がりながら）這うように推移します。

上昇調では、difficulty のように、強アクセントの後に弱アクセントがいくつも続く場合でも、ピッチは最後まで徐々に上がり続けます。**下降調では一気に下がり、上昇調では徐々に上がり続ける**ということで、裏返しの関係にはないことに注意してください。（なお、上昇調のいちばん最後で少し下がっている例があるのは、いきなり速い振動で開始できないのと同様で、振動を止める急ブレーキにも限界があるからです。）

下降上昇調では、第1アクセントで一気に下がった後、低いところを這った上で、最後の音節で再び少し上昇します。

◉強アクセントよりも前に弱アクセントが現れる単語

ここでは「弱・強」というアクセント型を扱います。英語の単語のアクセント型の法則として、単語の最初に弱アクセントが２つ以上続くことはありません。それに対して文であれば最初に弱アクセントを２つ以上続けることも可能なので、これは単語と文のアクセントの数少ない相違点です。

練習	下降調、上昇調、下降上昇調、平坦調による "July." 音声

• **July** /dʒʊˈlaɪ/「弱・強」

繰り返しになりますが、強アクセントはイントネーションのための音調を持つ一方で、弱アクセントは独自のピッチ変動を持ちません。強アクセントよりも前に弱アクセントがある場合、弱アクセントのピッチは強アクセントが持つ音調の「助走」のような高さになります。

つまり、下降調と下降上昇調では、弱アクセントを持つ Ju- は中程度のピッチで、強アクセントはそれよりも高いところから始まります。上昇調の場合、Ju- は低めのピッチですが、強アクセントはそれよりも低いところから上昇しています (そのようにならない場合もあります)。

そしてもちろん、音節の長さにも差があります。July の場合、-ly は強アクセントである上に発話の末尾であるという、長くなる要因が２つ重なっているため、Ju- よりも -ly は大幅に長くなっています。

◉強アクセントの前にも後にも弱アクセントがある単語

強アクセントの前にも後にも弱アクセントが存在する場合は、前にある場合と後にある場合のパターンの組み合わせになります。「弱・強・弱」「弱・強・弱・弱」の２つがあります。

練習	下降調、上昇調、下降上昇調、平坦調による “September.” 音声

• **September** /sepˈtembɚ/「弱・強・弱」

練習	下降調、上昇調、下降上昇調、平坦調による “America.” 音声

• **America** /əˈmerɪkə/「弱・強・弱・弱」

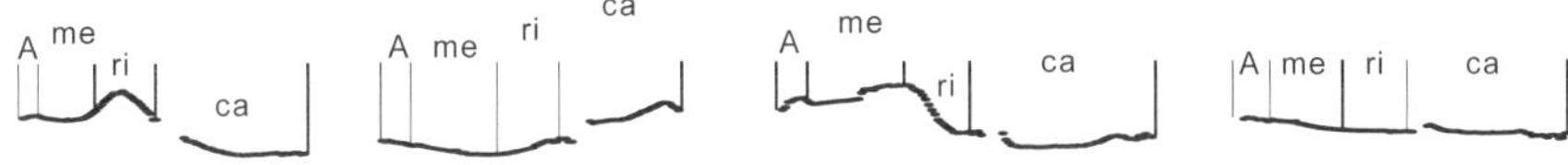

◉強アクセントを２つ含む単語：第１アクセントが先の場合

次は強アクセントを２つ持つ単語です。この場合、いちばん強いアクセントを**第１アクセント**、その次に強いものを**第２アクセント**と呼びます。両方とも強アクセントですが、1つの単語に2つ含まれる場合には、一方が他方よりも弱めになるということです。

アクセント型の表記には、第1アクセント＝第1、第2アクセント＝第2、弱アクセント＝弱という略記を用いることにします（強アクセントが1つだけの場合、それはここで言う第1アクセントと同じと見ることができます。つまり「強・弱」のアクセント型は「第1・弱」と表すことも可能でした）。発音表記の中では、第1アクセントを持つ音節の直前に /ˈ/、第2アクセントを持つ音節の直前に /ˌ/ を置いて Saturday /ˈsæt̬ɚˌdeɪ/ のように示します（日本で刊行されているほとんどの英語教材では、第2アクセントは母音記号の上に /ˋ/ をつけて /sǽt̬ɚdèɪ/ のように表記していますが、本書では IPA の方式に従います）。

最初に見るグループは、第1アクセントの後に第2アクセントがあるものです。ここで扱うのは「第1・第2」「第1・弱・第2」「第1・弱・第2・弱」「第1・第2・弱」「弱・第1・弱・第2」の5つのアクセント型です。

第1アクセントはもちろん音調の開始点となります。第2アクセントはピッチ変動という観点からは弱アクセント同じく独自の動きを持たず、第1アクセントから始まる音調の動きの一部となります。

練習	下降調、上昇調、下降上昇調、平坦調による “Sunday.” 音声

• **Sunday** /ˈsʌnˌdeɪ/「第 1・第 2」

練習	下降調、上昇調、下降上昇調、平坦調による “Saturday.” 音声

• **Saturday** /ˈsæt̬ɚˌdeɪ/「第 1・弱・第 2」

練習	下降調、上昇調、下降上昇調、平坦調による “January.” 音声

• **January** /ˈdʒænjuˌeri/「第 1・弱・第 2・弱」

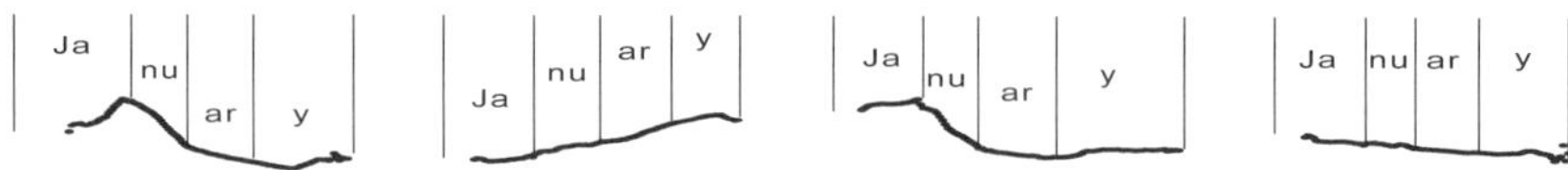

練習	下降調、上昇調、下降上昇調、平坦調による “Newspaper.” 音声

• **newspaper** /ˈnuːsˌpeɪpɚ/「第 1・第 2・弱」

練習	下降調、上昇調、下降上昇調、平坦調による “Relationship.” 音声

• **relationship** /rəˈleɪʃənˌʃɪp/「弱・第 1・弱・第 2」

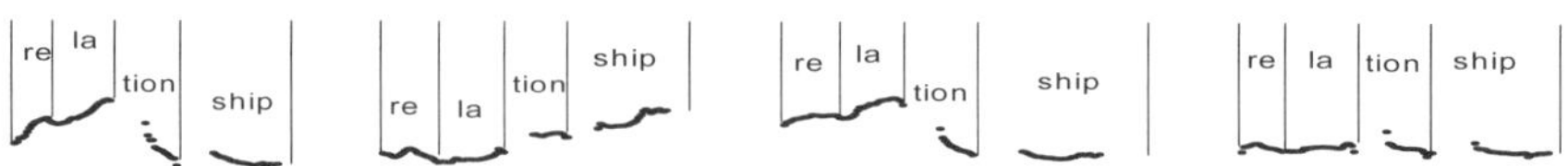

下降調では第 1 アクセントで一気に下がったまま低いところを這うように推移します。上昇調では、第 1 アクセントで始まった上昇をそのまま最後まで続けます。

下降上昇調では、第 1 アクセントで一気に下がった後、第 2 アクセントを持つ音節で上昇というパターンが基本で、ここで提示している January と newspaper はそのようになっています。しかし、第 1 アクセントの後がすべて弱アクセントの場合と同様に、最後の音節になってからやっと上昇することもよくあります。平坦調は音節数やアクセントの位置にかかわらず平坦です。

第1アクセントの後の第2アクセントは、独自のピッチ変動を持たないため、その観点からは弱アクセントと区別がつきません。音節の長さも、それぞれの母音固有の長さの違いや、その音節にいくつの子音が含まれるかによる違い、さらには発話末尾の音節が長くなる傾向による影響の方が大きいため、違いを見出すことはできません。

前のセクションで見た「強・弱」(=「第1・弱」)の April 音声 や「第1・弱・弱」の wonderful 音声 と、このセクションの「第1・第2」の Sunday 音声 や「第1・弱・第2」の Saturday 音声 などの曲線を見比べてみればそれは明らかです。実際上、この位置の第2アクセントと弱アクセントの違いは、本章の最初で触れたように、含まれる母音が強母音なのか弱母音なので決まると言えるでしょう。

◉強アクセントを2つ含む単語：第2アクセントが先の場合

次のグループは、第1アクセントよりも前に第2アクセントがあるもので、「第2・第1」「第2・第1・弱」「第2・第1・弱・弱」「第2・弱・第1」「第2・弱・第1・弱」「第2・弱・第1・弱・弱」があります。

第1アクセントよりも前にある第2アクセントは、後にあるものとは違い、独自のピッチ変動(音調)を持ちます。ただし、単語全体としての音調は、あくまでも第1アクセントが担っています。

第2アクセントの音調は、ここで提示している例のように中程度の高さの平坦調になることが多いですが、第1アクセントが持つ全体としての音調の種類や、話し方のスタイルによりかなりの自由度があります。

練習	下降調、上昇調、下降上昇調、平坦調による “Fourteen.” 音声

• **fourteen** /ˌfɔɚˈtiːn/「第2・第1」

練習	下降調、上昇調、下降上昇調、平坦調による “Already.” 音声

• **already** /ˌɑːɫˈreḍi/「第 2・第 1・弱」

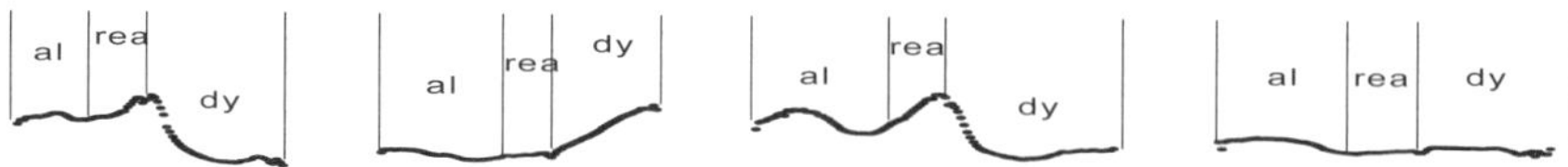

練習	下降調、上昇調、下降上昇調、平坦調による “Activity.” 音声

• **activity** /ˌækˈtɪvət̬i/「第 2・第 1・弱・弱」

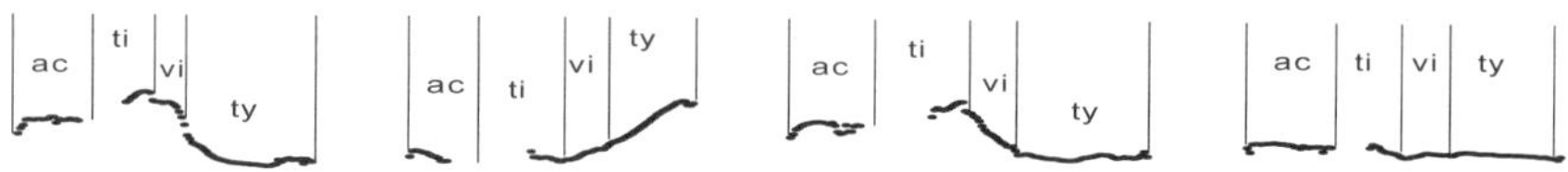

練習	下降調、上昇調、下降上昇調、平坦調による “Seventeen.” 音声

• **seventeen** /ˌsevənˈtiːn/「第 2・弱・第 1」

練習	下降調、上昇調、下降上昇調、平坦調による “International.” 音声

• **international** /ˌɪnt̬ɚˈnæʃnɫ/「第 2・弱・第 1・弱」

練習	下降調、上昇調、下降上昇調、平坦調による “University.” 音声

• **university** /ˌjuːnəˈvɚːsət̬i/「第 2・弱・第 1・弱・弱」

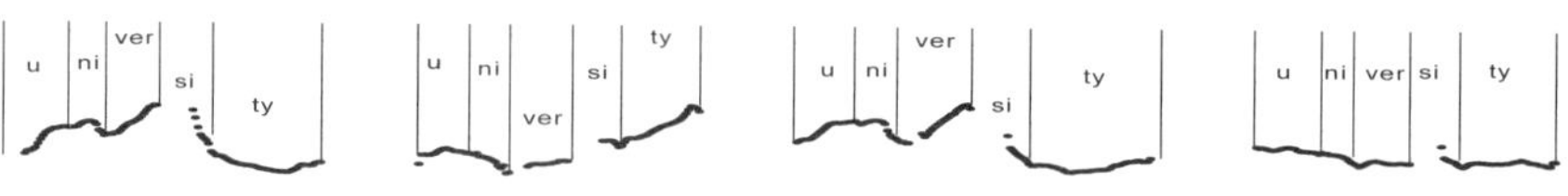

◉第 1 アクセント・第 2 アクセントの入れ替わりと核音調

第 1 アクセントよりも前に第 2 アクセントがあるこのグループの単語は、発話の中で後続の単語の存在により、第 2 アクセントと第 1 アクセントが入れ替わって第 1 アクセントが先になることがよくあります。

よく見られるパターンは、それ自体が形容詞で、次に来る名詞が第 1 アクセントのみ、または第1アクセントが第2アクセントよりも先に現れるというものです。下降調の場合を例示します。

練習	"Seventeen students." のアクセント 音声

• ˈsevenˌteen ˈstudents

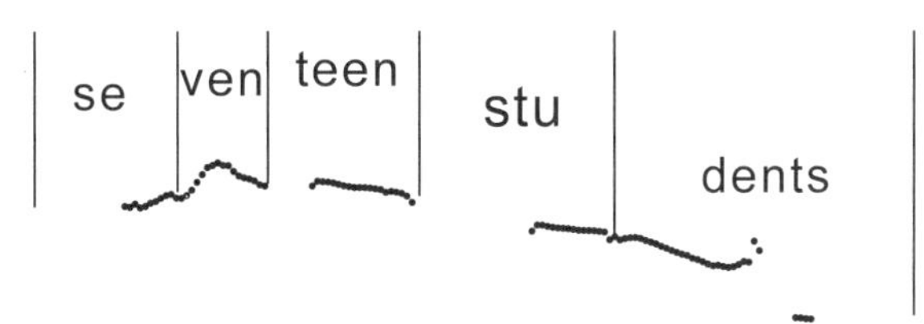

これを上記の単独で発音された ˌsevenˈteen 音声 の曲線と比較すると、この seventeen students の方が、se- に対する -teen の長さの比率が小さくなっていること、-teen には独自のピッチ変動がないという違いがあります。このことから、第1アクセントは -teen ではなく se- にあることが分かります。

このような単語（主に形容詞）について、『ライトハウス英和辞典』などには /sèv(ə)ntíːn←/ のように、末尾に /←/ を置くことで、第1・第2アクセントが入れ替わる可能性が表記されています。

結果的に、このフレーズには第1アクセントが2つ存在することになります。第1アクセントが複数ある場合、それぞれが音調（seven の se- は平坦調、students の stu- は下降調）を持ちますが、最後に現れるもの（ここでは students の stu- が担っている方）を、特に**核音調**と呼びます。

核音調は次のセクションで扱う文のアクセントとイントネーションにとって非常に重要な概念で、文のイントネーションの中核をなします。文全体の意味にとって、最も重要な役割を果たすからです。単に英語のイントネーションと言うとき、多くの場合、言及しているのは核音調です。

1.6 文のアクセントとイントネーション

それでは文のアクセントとイントネーションの話に移りましょう。すでに指摘したように、文のアクセントとイントネーションの性質は、ほとんどの点で単語のアクセントとイントネーションの性質と共通です。

大きな違いとして、単語の場合、アクセント型が固定されており、強アクセントを置く位置を勝手に変えることはできません（先ほど見た第1アクセント・第2アクセントの入れ替わりはアクセント型が変わる数少ない現象です）。これに対し、文では発話の意図によって、一定の制限の範囲でアクセントを置く位置を変えられます。この自由度こそが、適切なアクセントとイントネーションを使って文を発音することをむずかしくする理由です。

このセクションでは主に、文の中で強アクセントをどこに置くのかという原則を学び、第2部で様々なパターンを練習するための基盤を作ります。併せて、本書で用いる文のアクセントとイントネーションの表記法についても学びます。

◉文のアクセントと内容語・機能語

英語の文のアクセントについて、最初に覚えておくべき重要な点があります。それは、**単語の種類によって、アクセントを受けるものと受けないものがある**ということです。

「単語がアクセントを受ける」というのは、正確には「その単語が単独で発音された場合に第1アクセントを持つ音節」に強アクセントを置くということです。文のアクセントを論じるときは、基本的に単語を単位に考えますので、このような言い方をします。同様の意味で「単語がアクセントを担う」「単語にアクセントを置く」などの言い方も使います。

文（発話）の中でどの単語にアクセントを置くのかは、品詞によって大まかに決まっています。次のような区別です。

・アクセントを受ける単語 **(内容語)**

名詞（dog など）、動詞（cut など）、形容詞（good など）、副詞（quickly など）、疑問詞（what, how など）、指示代名詞（this, that など）、指示副詞（here など）、数詞（five, twenty など）、助動詞の否定短縮形（can't, didn't など）、be 動詞の否定短縮形（isn't, weren't など）

・アクセントを受けない単語 **(機能語)**

冠詞 (a, the)、人称代名詞 (I, your など)、前置詞 (at, with など)、接続詞 (and, if など)、助動詞 (can, will など)、be 動詞 (are, was など)、関係詞 (who, which など)、不定形容詞 (some, any など)

内容語は、文の意味内容を主に表す単語です。**機能語**というのは、意味内容が希薄ないし場合によってはゼロで、文を文法的に成り立たせる役割が大きい単語のことです。両者の区別は現実にはここまで単純なものではありませんが、大まかな傾向として捉えておいて下さい。文の中では、すべての**内容語が第 1 アクセントを担い、機能語は弱アクセントを受けるというのが原則**です。

その結果、文の中には、内容語の数だけ第 1 アクセントが存在することになります。その中で最後に現れるもの (つまり最後の内容語の中の第 1 アクセントを持つ音節) を特に**音調核**と呼びます (本によっては、音調核のことを「文アクセント」や「文強勢」と呼んでいるものもありますが、強アクセント自体はすべての内容語が担うものですので、本書では採用しません)。

それぞれの内容語が担う第 1 アクセントが音調を持つわけですが、前のセクションの最後で触れたように、最後の第 1 アクセントに現れる音調のことを**核音調**と呼びます。核音調を担う音節を音調核と呼ぶということです。やや用語的に紛らわしいため注意して下さい。

◉アクセント・イントネーション表記の読み方

実例を見てみましょう。ここからの例では、基本周波数のグラフに加えて、文そのものにも記号を加えてイントネーションを表すことにします。第 2 部の用例の大部分ではこの記号表記を用いますので、以下の説明を実際の音声・グラフの曲線と照らし合わせてよく読み、使い方を理解して下さい。

まず**イントネーション句**の境界を ‖ で表します。イントネーション句とは、内部に音調核を 1 つ持つ発話上のまとまりです。理解の手始めとしては、ポーズで区切られたまとまりと考えて差しつかえないですが、実際にはポーズを伴わなくてもイントネーション句が区切られているという例が多くあります (この例では free と to の間の境界がそれにあたります)。きちんとした定義を本書のレベルで行うのは困難ですので、イントネーションのためのピッチ変動のパターンを記述するのに便利なように発話を区切ったものだという説明にとどめます。

練習	イントネーションの表記 音声

• If you **want** <u>more</u> infor ↘ **ma** ↗ tion ‖ **please** <u>feel</u> ↘ **free** ‖ to ↘ ask us.

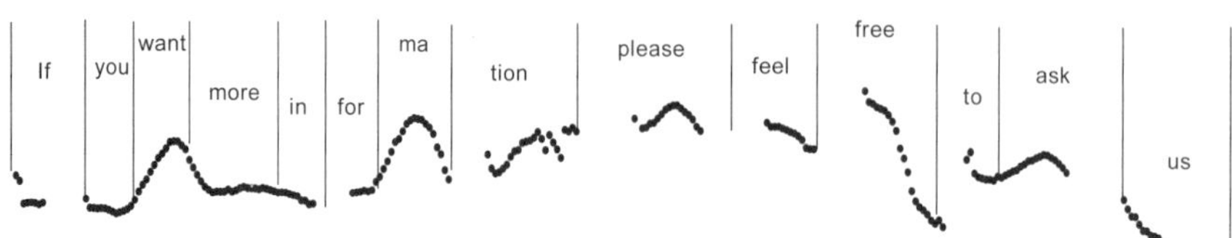

第１アクセントを受ける音節を太字で、第２アクセントを受ける音節には下線を引いて示します。弱アクセントを受ける音節には何も示しません。音調核をとりたてて表示することはしません。イントネーション句内部の太字（第１アクセント）の中でいちばん最後のものがそれであると理解して下さい。

音調の種類は当該の音節の直前に矢印で示します。↘は下降調を意味します。↘↗は下降上昇調で、上昇部分を表す↗は実際に上昇が始まる部分に置きます。この例にはありませんが、上昇調は↗、平坦調は核音調として現れている場合のみ→で表します。矢印が何もついていない第１アクセントも平坦調ですが、表示が無用にうるさくなるのを避けるため、特に必要と考えられる場合にのみ→を付けることにします。

この文は if you want more information / please feel free / to ask us という３つのイントネーション句に分かれています。

１つめのイントネーション句では３つの内容語 want, more, information が強アクセントを受けます。３つをすべて第１アクセントとすることも可能ですが、英語では第１アクセントがいくつも連続することはリズムが悪いとして嫌われるため（これについては第Ⅱ部に入ってから第７章で詳しく説明します）、真ん中の more は第２アクセントとなります。これは want よりもピッチが低くなっています。

核音調のピッチの動きは最後の第１アクセント（音調核）から始まります。すなわち、ピッチ変動は、最後の内容語たる information の中で（単独で発音された場合に）第１アクセントを持つ -ma- の部分で始まっています。ここでは下降上昇調なので、-ma- で下降、その後の弱アクセント -tion で上昇します。

この -tion のように、音調核より後の音節で、核音調のピッチ変動の一部をなす部分を**尾部**と呼びます。尾部は音調核でない第1アクセントでも弱アクセントや第2アクセントが後続すればそれが該当しますが、この例ではそのような音節がありません。

2つめのイントネーション句では please, feel, free が内容語ですが、feel はやはりリズム上の理由で第2アクセント（ここでは持続時間が短め）になり、free が音調核として下降調の開始点となっています。3つめのイントネーション句では唯一の内容語である ask が音調核で、下降調の開始点になっています。

音調核よりも前のアクセントにおけるピッチの変動（＝音調の連続）は**前核音調**と呼ばれ、かなりの自由度がありますが、この例のように第1アクセントは高めの平坦調、第2アクセントはやや低めに発音されるのが基本です。

このイントネーション表記法では、それぞれの音節、特に強アクセントを受けている音節のピッチの動きは表せますが、動きの幅や相対的な高さの違いまでは表せません。それは実際の音を聞いて判断して下さい。変動の幅や相対的な高さの違いはピッチ変動の方向に比べて重要度が低いことによります。第2部の用例では、必要に応じてコメントを付けます。

1.7　機能語の弱形

機能語の中には、弱アクセントを受けた結果として主に母音の発音が変わってしまうものがあり、上記の文では you, to, us がそれに相当します。そのような形を**弱形**と呼びます。

これらの単語に関しては、違いはやや分かりにくいですが、you を単独で発音すると（＝第1アクセントと核音調を与えて発音すると）/ˈjuː/ ですが、この文の中では 弱アクセントを受けるため弱形 /jʊ/ となっています。to は単独で発音すると /ˈtuː/ ですが、この文の中ではやはり弱形で /tʊ/ です。us は単独では /ˈʌs/ に対してこの文の中では /əs/ です。

これに対し、単独で発音した場合の形は**引用形**または**強形**と呼びます。**弱形を持つ単語は、文の中で用いられる場合には、引用形でなく、むしろ弱形の方が通常の発音です。**

本書で扱う単語の中では、次のものが弱形を持ちます。発音表記とともに列挙しておきます。発音表記の読み方については、次の第２章と第３章で説明します。

冠詞：a /ə/, an /ən/, the /母音の前で ði, 子音の前で ðə/

人称代名詞：he /(h)i/, her /(h)ɚ/, him /(h)ɪm/, his /(h)ɪz/, it, /ɪt, ət/, it's /ɪts, əts/, me /mi/, our /ɑɚ/, she /ʃi/, them /ðəm, əm/, us /əs/, we /wi/, you /母音の前で ju, 子音の前で jʊ, jə/, your /jɚ/

前置詞：at /ət/, for /fɚ/, from /frəm/, of /əv/, to /母音の前で tu, 子音の前で tʊ, tə/, with /wɪð/

接続詞：and /ən(d), n/, as /əz/, because /kəz/, but /bət/, if /ɪf/, or /ɚ/, than /ðən/

助動詞：can /k(ə)n/, could /kəd/, did /dɪd/, do /母音の前で du, 子音の前で dʊ, də/, does /dəz/, had /(h)əd/, has /(h)əz/, have /(h)əv/, must /məs(t)/, shall /ʃəɫ/, should /ʃəd/, will /(w)əɫ/, would /(w)əd, d/

be 動詞：am /əm/, are /ɚ/, be /bi/, been /bən/, was /wəz/, were /wɚ/

関係詞：that /ðət/, who /(h)u/

不定形容詞：any /əni/, some /s(ə)m/

その他：just /dʒəs(t)/,（存在文）there /ðɚ/,（存在文）there's /ðɚz/

こうした弱形の実際の文の中での具体的な使い方は、第２部で文を用いたトレーニングをする際に、その都度説明します。

2 母音の発音

2.1 母音の学び方

この章では英語の個々の音のうち、母音を扱います。母音とは肺からの呼気が口から外に出るまでに妨害を受けない音です。これに対し、次の章で扱う子音はどこかで気流が妨害される音です。

すでにご存じのことかと思いますが、**英語には日本語よりも多くの種類の母音があります。**本書の数え方では25個です。5個しかない日本語よりも大幅に多い上に、これらの**母音のほとんどが、皆さんの母語である日本語とは一致しない音質を持つため、それらを正しく区別して発音するのが難しい**ことは、ほとんどの学習者が経験していることです。

中学生など、まだ若くて学習の初歩の段階にある人であれば、耳で注意深く聞いて真似をするだけで、かなりの程度、英語の母音を正しく発音できるようになります。ですが、年齢が上がるにつれて、そういう方法で発音を向上させるのが難しくなってきます。

母音の発音を身につけるためには、**口をどのように動かすことで母音の音質を変えられるのか**という原理を学ぶことが有効です。次のセクションでは、実習を交えながら、これを学んでいくことにします。

2.2 母音の分類法

まずは「母音はどう分類できるか」について見ていきます。

母音の音質は、(1) **口の開き具合 (舌の高さ)**、(2) **舌の前後位置**、(3) **唇の丸めの有無**という3つの要素で決まります。まずはこれを、皆さんの母語である日本語の５つの母音を使って確認していきましょう。

練習	舌の高さによる日本語の母音の区別

- **「イ」と「エ」を交互に繰り返し言ってみて、口（特に舌）がどのように動くか確認して下さい。**
- **「エ」と「ア」を交互に繰り返し言ってみて、口（特に舌）がどのように動くか確認して下さい。**
- **「ウ」と「オ」を交互に繰り返し言ってみて、口（特に舌）がどのように動くか確認して下さい。**
- **「オ」と「ア」を交互に繰り返し言ってみて、口（特に舌）がどのように動くか確認して下さい。**

… 「イ」よりも「エ」、「エ」よりも「ア」の方が、口の開きが大きくなります（下あごが下がります）。舌に着目した場合、下あごと一緒に下がっていきます。

… 同様に「ウ」よりも「オ」、「オ」よりも「ア」の方が口の開きが大きく、舌は下がります。（唇の丸めも変化しますが、ここでは無視して下さい。）

上の一連の練習から、上記 (1) の「口の開き（舌の高さ）」により母音の音質を変えることができることが確認できました。舌は下あごにくっついて存在しているので、口が開けば舌は下がり、閉じれば舌が上がるという意味で連動しています。しかし、あごの開きを固定したままで舌だけを動かして上記の区別を行うこともできるので、音声器官の使い方という観点からより本質に近いのは「舌の高さ」の方です。

日本語では、母音の舌の高さは３段階で区別されていますが、他の言語ではもっと細かく区別しているものもあります。英語では５段階の異なる舌の高さが用いられ、たとえば /ɪ/ は日本語の「イ」と「エ」の中間、/æ/ は「エ」と「ア」の中間の舌の高さを持ちます。

次は (2)「舌の前後位置」による区別を確認しましょう。

練習	舌の前後位置による日本語の母音の区別

- **「エ」と「オ」を交互に繰り返し言ってみて、舌がどのように動くか確認して下さい。(唇も同時に動くはずですが無視して下さい。)**
- **「イ」と「ウ」を交互に繰り返し言ってみて、舌がどのように動くか確認して下さい。(人によっては唇も同時に動く場合がありますが無視して下さい。)**

  … 「エ」では舌全体が前に、「オ」では奥に位置します。

  … 「イ」では舌全体が前に、「ウ」ではやや奥に位置します。

この練習から、「イ」「エ」では舌が前寄り、「オ」では後ろ (奥) 寄り、「ウ」ではその中間であることが確認できました。「口の開き具合」と同様、「舌の前後位置」も言語により区別の数が違います。たとえば英語の /ə/ は、舌の前後位置という観点からは日本語のオとエの中間に位置する母音ですが、日本語にはこの位置に母音はありません。

なお、この練習では「ア」を使わなかったのですが、「ア」の舌は前寄りでも後ろ寄りでもない中間に位置します。口の開き具合を変えずに舌を後ろ寄りにしたり (英語の /ɑː/ に近い音になります)、前寄りにしたりということができます。

ここまでは唇の形が変化する点を無視してきましたが、(3) の「唇の丸めの有無」も母音の音質に影響を与えます。日本語では「イ、エ、ア」には唇の丸めがなく、「オ」では唇が丸く突き出されます。「ウ」の場合には、人により唇を丸める人も丸めない人もいますが、共通語では唇の丸めはないとされます。

日本語にも英語にも、唇の丸めの有無だけで区別される母音は存在しないため、これは (1) (2) の基準に比べると重要度は少し低いのですが、やはり音質は変わるので、英語の正しい発音を覚えるためには注意する必要があります。次の練習で音質の変化を確認してみましょう。

練習	唇の丸めの有無による母音の区別

- **「イ」と言いながら、下あごの構えや舌の位置が動かないように注意して唇だけを丸く突き出してみて下さい。**
- **「エ」と言いながら、下あごの構えや舌の位置が動かないように注意し**

て唇だけを丸く突き出してみて下さい。

- **「オ」と言いながら、下あごの構えや舌の位置が動かないように注意して唇の丸めをなくしてみてください。**
- **「ウ」と言いながら、唇が丸まっている人は丸めを取り、丸まっていない人は丸く突き出してみて下さい。**

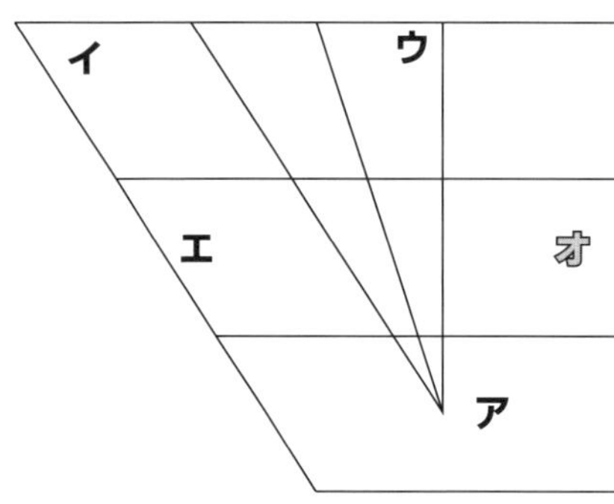

図１　日本語の母音

以上の観察を基に、日本語の５つの母音の「位置関係」を表したものが左の図１「日本語の母音」です。図の上下は舌の高さ（上が高い母音）、左右は舌の前後位置（左が前寄り）の次元を表します。文字を白抜きにした「オ」は唇が丸められる円唇母音、それ以外は唇が丸まらない非円唇母音です。「ウ」は非円唇母音として扱いました。

この図は、母音の位置を指定するための座標軸のようなものです。上の辺よりも下の辺が短い形をしているのは、大まかには、舌の位置が低い場合、前後の可動域が短いことを表しています。英語の発音を説明した他の書籍の多くでもこの形の図が用いられていますので、ここでその意味することを確認してください。

2.3　アメリカ英語の母音

それでは、アメリカ英語の標準的な母音をひととおり紹介します。本書で採用するのは標準的な発音の中の「アメリカ西部発音」です。用いられている場所としては、ロサンゼルス、サンフランシスコなどを含むカリフォルニアが代表的ですが、それよりも北のシアトル、内陸のアリゾナやコロラドなど、アメリカ合衆国本土のほぼ西側半分がその範囲です。カナダでも似た発音が用いられています。本書の付属音声のナレーター２人はカリフォルニア出身で、この発音の持ち主です。

アメリカ西部発音には、区別しなければならない音の数が辞書や教科書などに記載されている「教科書的」アメリカ発音よりも少ないため習得しやすいという利点があります。アメリカの人口の半分近くが用いているため、メディアにもよく登場しますから、教科書的でないとしても心配には及びません。

実は日本で用いられる英語教材の多くでは、付属音声がこのタイプの発音になっています。ですので、それとは意識しないまま、このタイプの発音を習得してしまっている人も多いことでしょう。あくまでも標準的な発音の範囲にありますので、本書の発音を安心して利用して下さい。

◉強母音

第1章で、英語はアクセントの有無により現れる母音が違うと述べました。アクセントがあるところでもないところでも現れるものを**強母音**、ないところでのみ現れるものを**弱母音**と呼びます。

まず強母音を例語とともに一覧で示します(表1 **音声**)。この一覧の母音19個の発音をよく聞いて、同じように発音してみて下さい。

表1 アメリカ英語の強母音

長母音	短母音	二重母音		rの二重母音
/iː/ meet	/ɪ/ miss			/ɪɚ/ dear
	/e/ cent	/eɪ/ make		/eɚ/ care
/ɑː/ hot father law	/æ/ back	/aɪ/ nice	/aʊ/ house	/ɑɚ/ park
		/ɔɪ/ point	/oʊ/ note	/ɔɚ/ short
/uː/ choose	/ʊ/ put			/ʊɚ/ poor
/ɚː/ church	/ʌ/ cut			

一覧に示されているように、強母音は、その性質に応じてさらに「長母音」「短母音」「二重母音」「rの二重母音」に分類できます。

長母音と**短母音**は途中で音質の変わらない母音です。名称に「長」「短」が入っていますが、**実際には日本語話者の感覚(長い母音は短い母音の2倍の長さだと思っている人が多いでしょう)ほどには長さの違いはありません。**さらに同じ長母音・短母音のカテゴリーの中でも、それぞれの母音は固有の長さに違いがあります（短母音の中では /æ/ が特に長く、長さの点だけからは長母音と言ってもいいほどです）。むしろ、**短母音は必ず次に子音が続く**という分布上の特徴の方が重要です。他の母音は次に子音がない位置（語末や別の母音の前）にも分布します。

二重母音は途中で音質の変化を伴う母音です。記号を２つ使って表記していますが２つの音という意味ではなく、まとめて１つの母音です。１つめの記号で表される要素の方が強く長め、２つめの記号で表される要素は弱めである上に、実際にはそこまで到達しないこともあります。

r の二重母音については、次のセクションで r の音色の母音の説明をした後で特徴を述べます。

この表の中の母音 /ɑː/ は、日本の英語辞典の多くでは /ɑ, ɑː, ɔː/ という３つの母音に細分化され hot /hát/、father /fáːðɚ/、law /lɔ́ː/ のように表記されています。しかし本書で採用するアメリカ西部発音では、この３者の間に区別はなく、すべて /ɑː/ と発音されますので、安心してすべてを同じ母音で発音して下さい（ただし /r/ の直前では /ɑː/ と /ɔː/ の区別があります）。

長母音（r の音色を持つ /ɚː/ を除く）・短母音・二重母音を、上記の母音四角形に位置づけると、次のようになります（図２、図３）。

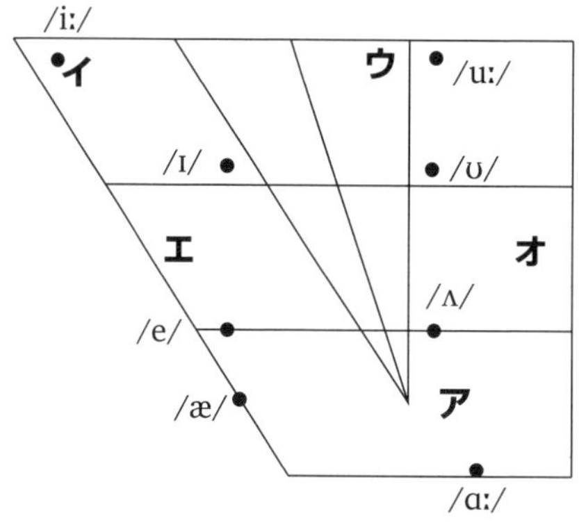

図２　アメリカ英語の長母音と短母音

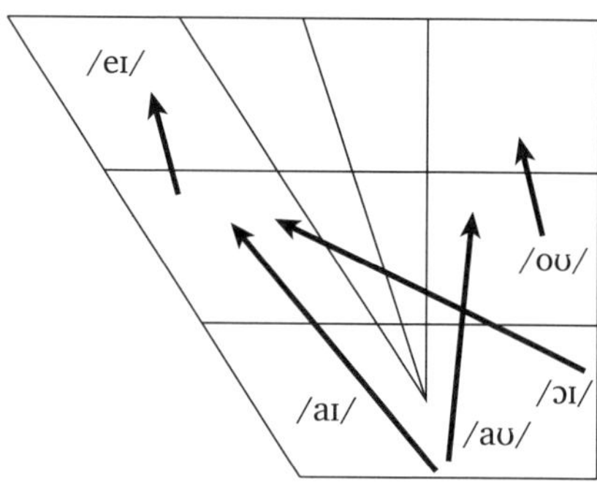

図３　アメリカ英語の二重母音

◉r の音色の母音

長母音の最後に挙げた /ɚː/ は、アメリカ英語の発音の特徴の1つである**rの音色の母音**です。r の音色を出すために他の母音とは異なる方法を用いるので、母音四角形の中に位置づけることができません。

r の母音の発音のしかたは2種類あり、下に図を示しました (図4)。1つは「盛り上がり舌母音」、もう1つは「そり舌母音」と呼べる形です。感覚的にどのような動きを舌に加えればいいのかを矢印で示しました。また、この母音については唇を丸めて円唇にした方が r の音色をはっきりさせることができます。

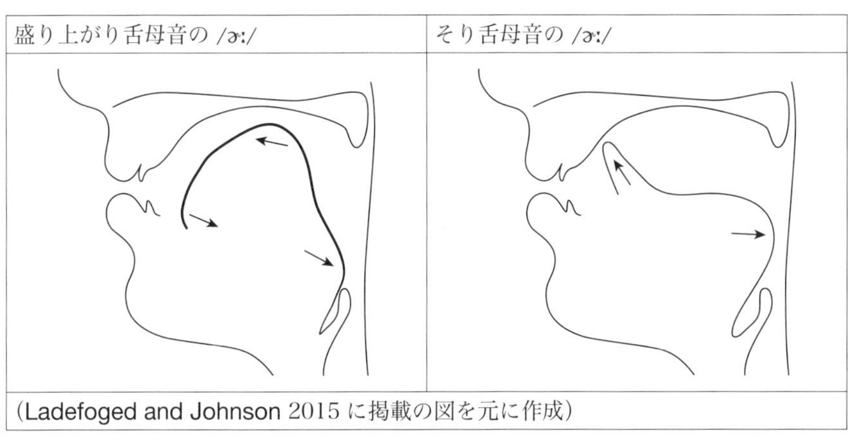

図4　アメリカ英語の r の音色の母音の構え

◉r の二重母音

表1のいちばん右の列は**rの二重母音**です。このうち4つめの /ɔɚ/ を除いた /ɪɚ, eɚ, ɑɚ, ʊɚ/ はそれぞれ長母音または短母音の /ɪ, e, ɑː, ʊ/ の後に /ɚː/ を弱くした /ɚ/ を続けたものと考えることができます。

/ɔɚ/ だけは、本書で扱うタイプの発音に単独の /ɔ/ ないし /ɔː/ という母音がないため、このような見方を採ることができません。これは日本語の「オ」のような母音に /ɚ/ を続けたものと考えればいいでしょう。

上で述べたように、/ɚ/ は母音四角形の中の位置で示すことは本来できないのですが、仮に四角形の中心部にあるとすると、図のように位置づけることができます (図5)。

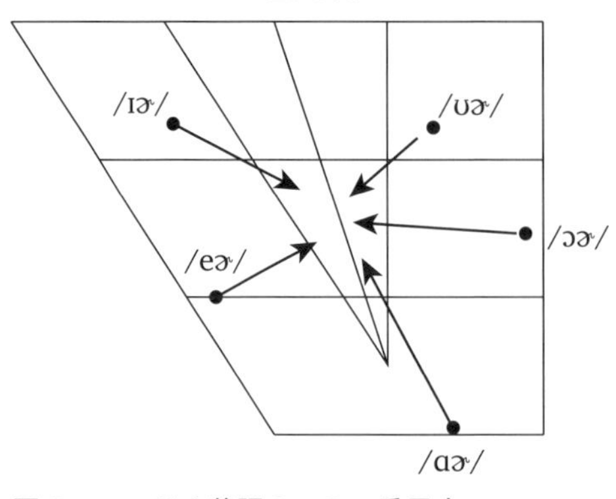

図5　アメリカ英語のrの二重母音

なお、前掲の表1に示した例語のうち、poorを男声は /ˈpʊɚ/ ではなく /ˈpɔɚ/ と発音しています。これは個人差によるものです。

/ɚ/ の実質は子音 /r/ と同じです。そのため、/ɚ/ の後に別の母音が続くと、この /ɚ/ は /r/ になります。次の表2では、rの二重母音で終わる動詞と、そのing形の発音を比べて示してあります。いちばん右側の列には、ing形の発音と同じ発音を持つ単語も挙げたので、比較してみるとよいでしょう。/ʊɚ, ɚː/ については、本書で扱う単語の範囲にing形を作れる動詞がないため、いちばん右の列のパターンのみ挙げてあります。それぞれよく聞いて、同じように真似をして発音してみてください（表2 **音声**）。

表2　rの音色の母音に母音が続く場合

rの二重母音	rの二重母音＋母音	同様のパターン
hear /ˈhɪɚ/	hearing /ˈhɪrɪŋ/	serious /ˈsɪriəs/
share /ˈʃeɚ/	sharing /ˈʃerɪŋ/	carry /ˈkeri/ American /əˈmerɪkən/
star /ˈstɑɚ/	starring /ˈstɑːrɪŋ/	tomorrow /tʊˈmɑːroʊ/
floor /ˈflɔɚ/	flooring /ˈflɔːrɪŋ/	story /ˈstɔːri/
		during /ˈdʊrɪŋ/
		worry /ˈwɚːri/

この表の中で、carryについては、日本の英語辞書の記載では /r/ の前の母音が /æ/ と表記されています。しかし、アメリカ発音全般で、/r/ の前では /e, æ/ の区別がなく、すべて /e/ で発音されますので、本書ではこの母音を /e/ と表記しています。/r/ の前では、日本語話者にとってやや難しい /æ/ の代わりに /e/ を使えばいいということで、正しい発音のハードルが少し下がるでしょう。

◉弱母音

ここまでは母音のうち「強母音」についての解説でしたが、以下ではもう1つの種類の母音である「弱母音」について説明します。**弱母音はアクセントのない音節の中でしか起こらない母音です**。これに対し、**強母音**（**完全母音**とも呼ばれます）はアクセントのあるところにもないところにも現れます。弱母音を表にまとめました（表3 音声）。

表3　アメリカ英語の弱母音

/i/	easy /ˈiːzi/ various /ˈveriəs/	
/ɪ/	demand /dɪˈmænd/	
/u/	influence /ˈɪnfluəns/ continue /kənˈtɪnju/	
/ʊ/	today /tʊˈdeɪ/	
/ə/	about /əˈbaʊt/	
/ɚ/	offer /ˈɑːfɚ/	offering /ˈɑːfrɪŋ/

なお弱母音の場合も、/ɚ/ の後に母音が続いた場合は /r/ になります。表の一番下の行の offer と offering を参照してください。

弱母音の位置を次の母音四角形で示しますが、弱母音は強母音と比べると周囲の音の影響を受けて音質がぶれやすく、大まかな範囲しか示すことができません。逆に言えば、**弱母音については音質の区別はあまり重要ではない**ということになります。表に対応する音声を真似する場合、弱母音については厳密に考えなくても問題ありません。特に /ə/ は、記号が表すのは日本語の「ア」と「ウ」の中間あたりですが、つづり字に対応した [ɪ, e, o, ʊ] などの音質を帯びることが珍しくありません。

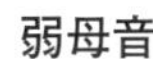

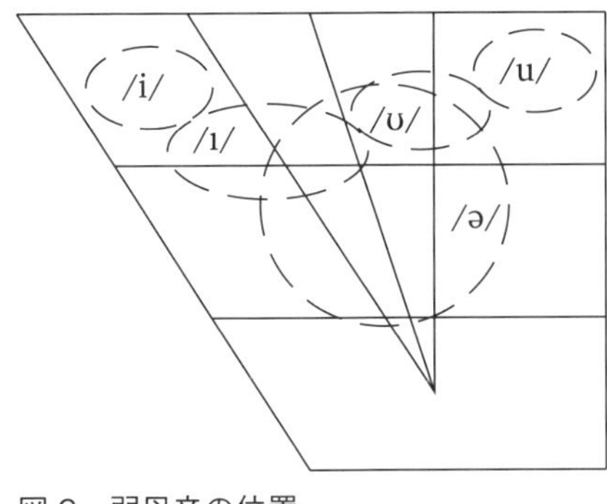

図6　弱母音の位置

以上、本書で扱うアメリカ西部発音に現れる母音をひととおり紹介しました。

2.4　様々な母音の区別

この章の冒頭で述べたように、英語には日本語よりもはるかに多くの母音音素があります。そのため、日本語には存在しない音質を使う必要がありますし、数が多いためそれぞれの音質が近くなり、互いの区別が難しいものがいくつもあります。そこで、このセクションではよく似た母音を取り上げて、区別する練習をします。

多くの発音教本と同様に、本書でも「区別すべき音素のみが異なる単語のペア」で練習を行います。ただ、本書では使う単語を基本1000語に限定しているため、そのような単語が見つからない場合もあります。発音練習のためだけにあまり頻度が高いとは言えない単語を用いるよりも、頻度が高い単語の発音を正しく覚える方が重要というのが本書の立場ですので、区別すべき部分以外にも違う音素が入っているペアを使っている部分もあります。

このセクションで扱う区別は以下の通りです。

/iː/　vs /ɪ/
/uː/　vs /ʊ/
/eɪ/　vs /e/
/e/　vs /æ/
/ɑː/　vs /ʌ/
/ɑː/　vs /ɑɚ/
/ɚː/　vs /ɑɚ/
/oʊ/　vs /ɔɚ/
/ɑː/　vs /oʊ/

◉/iː/ vs /ɪ/

本書の読者であれば、これが**長い「イー」と短い「イ」の区別ではなく、/ɪ/では舌をやや低くして「イ」と「エ」の中間的な音になる**ということはご存じでしょう。しかし、知識があっても、それが必ずしも実践につながっているとは限りません。区別ができているのか、改めて確認していただきたいと思います。

練習	/iː/ vs /ɪ/ 音声

reach rich

leave live

◉/uː/ vs /ʊ/

このペアは、**両方とも日本語の「ウ (ー)」とはかなり音質が違います**。/uː/ は日本語よりもかなり唇の丸めが強くなります。/ʊ/ はそれよりも舌の位置が低く、むしろ日本語の「オ」に近く聞こえることもあります。

練習	/uː/ vs /ʊ/ 音声

human woman

◉/eɪ/ vs /e/

日本語の発音では、カナでエ段+「イ」の表記がされていても (「エイ」「ケイ」など)、実際には含まれる母音が単なる長母音 [eː] になっているのが普通で、「エイ」=「エー」となります。そのため、**カタカナ語として使われている英単語で /eɪ/ を「エ」として取り入れている例があり、発音を間違えやすい**ので注意して下さい。次の練習の中の例で言えば、waist がカタカナでは「ウエスト」になっていますね。

練習	/eɪ/ vs /e/ 音声

waist west

late let

本書で扱う単語の範囲を超えますが age /ˈeɪdʒ/ と edge /ˈedʒ/ の区別はしていても、H /ˈeɪtʃ/ は etch /ˈetʃ/ (エッチングする) のように発音している人が多いのではないでしょうか。angel /ˈeɪndʒəɫ/ の最初の子音も /e/ ではなく /eɪ/ が正解です。maintenance /ˈmeɪntənəns/ もカタカナ語では「メンテナンス」と書かれますが、最初の母音は /eɪ/ です。

コラム

外来語の発音

本文中の /e/ と /eɪ/ の混同とは別に、外来語の中には、英語では /eɪ/ なのに日本語に「イ」で取り入れられてしまっているものがあります。具体的には /t, d/＋/eɪ/ の音を日本語のカナで再現しようと「テイ」「デイ」と表記したところ、「イ」が小さい「ィ」と誤解されて「ティ」「ディ」のように表記され、結果的に日本語で [ti, di] と発音されているというものです。

entertainer /ˌenṭɚˈteɪnɚ/ →「エンターテイナー」→「エンターティナー」→ [enta:tina:]

sustainable /səˈsteɪnəbł/ →「サステイナブル」→「サスティナブル」→ [sastinaburu]

などがその例です（「サスティナブル」は、その後この誤りが意識されて「サステナブル」と書かれるようになりましたが、それでもなお、/eɪ/ とは違う母音 /e/ が表されています）。

これとは逆に、/t, d/＋/ɪ/ を意図した「ティ」「ディ」が「テイ」「デイ」と誤認され、それが「テー」「デー」と発音された結果であると思われるカナ表記もあります。

partition /pɑɚˈtɪʃən/「パーティション」→「パーテイション」→ [pa:te:ʃoɴ] →「パーテーション」

このように、外来語の表記は元の英語の発音と大きく異なることがあります。発音を学ぶ際には、日本語の表記に流されずに、元の英語の発音を確認することが大切です。

※ ここで [ ] に囲んで示した日本語の音声表記は、音素よりもやや詳しい区別をした音を表しています。外来語独自の音の組み合わせがあり、音素だけを表すのは不適切であるためです。母音は大まかに [i, e, a, o, u] で示し、長い場合は [:] を付けました。子音の記号については、次の第 4 章を参照して下さい。

◉/e/ vs /æ/

/æ/ は「エとアの中間」と言われ、実際にそのような音になりますが、実は /e/ もアメリカ発音では日本語のエよりも舌の位置が低く、これも「エとアの中間」です。それでも /e/ は /æ/ よりも高いのが普通ですが、ほとんど判別できないほど音質が近いことも多いですし、実際の音声の中では対比して発音されるわけではないので、単語によってはどちらなのか判断しにくい場合もあります。その場合の鍵は長さで、**/e/ よりも /æ/ の方がかなり長くなります**。

練習	/e/ vs /æ/ 音声

men　man
bed　bad

◉/ɑː/ vs /ʌ/

/ɑː/ は英和辞典では 3 つの別の音として細分化されていますが (/ɑ, ɑː, ɔː/)、本書はアメリカ西部発音を採用するため、その区別はなく /ɑː/ に統一されています。ただ、この 3 つのうちの 1 つは対応するつづり字が <o> であるため、日本語話者はつい「オ」としてしまいがちです。しかし、英語には日本語の「オ」と一致する母音はありません。**日本語の「ア」よりも口の開きを大きく長くするとこの /ɑː/ に近くなります**。

また、日本語の「ア」に近いアメリカ英語の母音としては基本的なつづり字が <u> である /ʌ/ もあります。こちらは日本語の「ア」よりも口の開きが小さく、短く発音される母音です。

/ɑː/ と /ʌ/ は、実はアメリカ発音を用いる母語話者でも聞き分けが難しいペアとして知られています。しかしもちろん、区別して発音できるに越したことはないので、よく練習しましょう。

練習	/ɑː/ vs /ʌ/ 音声

gone　gun
got　cut
song　sung

◉/ɑː/ vs /ɑɚ/

単独の /ɑː/ と、その後に /ɚ/ が続く /ɑɚ/ の発音を区別する練習です。発音教本ではあまり取り上げられることのないペアですが、本書の単語の範囲ではたとえば hot-heart がありますし、ほかにも pot-part, cop-carp, caught-cart, taught-tart などがあります。文脈の中では問題がない場合がほとんどですが、やはりきちんと区別して発音したいものです。

練習	/ɑː/ vs /ɑɚ/ 音声

father　farther

◉/ɚː/ vs /ɑɚ/

これは日本の発音教本でよく問題にされるペアです。改めて解説する必要はあまりないのかもしれませんが、**/ɑɚ/ を /ɑː/ で始めずに /ɚː/ のようにしてしまう誤りが、むしろ英語の発音について意識が高い人の間によく見られます**ので注意しましょう。

練習	/ɚː/ vs /ɑɚ/ 音声

heard　hard
hurt　heart
further　farther

◉/oʊ/ vs /ɔɚ/

これは実際に聞くと音自体は大きく異なっており、ほとんど間違いようのないペアです。しかし、英語からの借用語をカタカナにする際にどちらも「オー」と転写されることが多いため（coat /ˈkoʊt/「（上着の）コート」、court /ˈkɔɚt/「（テニスなどの）コート」）、混同が起こるようです。注意しましょう。

練習	/oʊ/ vs /ɔɚ/ 音声

shown　short

◉/ɑː/ vs /oʊ/

このペアは、「教科書的」なアメリカ発音であれば /ɔː/ と /oʊ/ のペアとして紹介されるもので、どちらも日本語の「オー」に近くなるために区別が難しいとされます。しかし、本書で採用しているアメリカ西部発音では /ɔː/ はなく /ɑː/ に統一されているため、/ɑː/ vs /oʊ/ というペアになり、両者の音質は大きく異なります。それぞれ、ほぼ「アー」と「オー」に近いので、特に困難なく区別できるはずです。以下、単語のペアで発音を確認して練習しましょう。

練習	/ɑː/ vs /oʊ/ 音声

bought	boat
law	low
called	cold

2.5 母音の発音表記のいろいろ

世の中に存在する**英語の発音表記は母音で特に多様**です。そこで、読者の便を図るため、様々な辞書でどのように表記されているのかを対照表にしました。自身の使用している辞書で例語を調べ、表記を照らし合わせてみてください。

対照表の中で扱う辞書は、英和辞典では私が発音表記を担当した『グランドセンチュリー英和辞典』第4版(三省堂；GC4)に加えて、『ライトハウス英和辞典』第6版(研究社；LH6)、『ジーニアス英和辞典』(大修館書店；G5)を中心に、必要に応じて他の辞書の表記も示します。最後の Webster はアメリカの国語辞典にあたる Merriam-Webster Dictionary で、アメリカ発音についてはもっとも信頼が置ける辞書です。IPA ではなくローマ字に補助記号をつけて表記しています。オンライン版・アプリ版もあり、発音を聞くこともできます。

英和辞典ではアメリカ発音とイギリス発音を併記しており、縦線(|)の前にアメリカ音、後にイギリス音を表記しているのが普通です。以下の対照表では、辞書の表記どおりに両方の音を併記していますが、本書の目的からはアメリカ音だけを読み取ればいいことになります。

1. 「ア」に類する母音

本書	例語	GC4	LH6	G5	その他英和	Webster
ʌ	cut	ʌ	ʌ	ʌ	ʌ	ə
ɑː	hot	ɑː | ɒ	ɑ(ː) | ɔ	ɑː | ɒ	ɑ | ɔ	ä
ɑː	father	ɑː	ɑː	ɑː	ɑː	ä
ɑː	law	ɒː, ɑː | ɔː	ɔː	ɔː	ɔː	ȯ
ɑː	lost	ɒː, ɑː | ɒ	ɔː | ɔ	ɔː | ɒ	ɔ(ː)	ȯ
ɑɚ	park	ɑɚ | ɑː	ɑɚ | ɑː	ɑː*r*	ɑː*r*	är
ɚː	church	ɚː | əː	ɚː | əː	əː*r*	əː*r*	ər
ɚ (弱)	member	ɚ | ə	ɚ | ə	ə*r*	ə*r*	ər
ə (弱)	about	ə	ə	ə	ə	ə

2. 「イ」に類する母音

本書	例語	GC4, LH6	G5	その他英和	Webster
iː	meet	iː	iː	iː	ē
ɪ	miss	ɪ	ɪ	i	i
ɪ (弱)	demand	ɪ	ɪ	i	i/ə
i (弱)	easy	i	i	i	ē
i (弱)	various	i	i	i	ē

3. 「ウ」に類する母音

本書	例語	GC4	LH6	G5	その他英和	Webster
uː	choose	uː	uː	uː	uː	ü
ʊ	put	ʊ	ʊ	ʊ	u	u̇
ʊ (弱)	today	ʊ	ʊ	ə	ə	ə
u (弱)	continue	uː	uː	uː	uː	ü
u (弱)	influence	u	u	u	u	ü

4. 「エ」に類する母音

本書	例語	GC4, LH6, G5	その他英和	Webster
e	cent	e	e	e
eɪ	make	eɪ	ei	ā
æ	back	æ	æ	a
æ	last	æ | ɑː	æ | ɑː	a

5. 「オ」に類する母音

本書	例語	GC4	LH6	G5	その他英和	Webster
oʊ	note	oʊ	oʊ	oʊ	ou	ō
ɔɚ	short	ɔɚ | ɔː	ɔɚ | ɔː	ɔː*r*	ɔː*r*	ȯr

6. その他の母音

本書	例語	GC4	LH6	G5	その他英和	Webster
aɪ	nice	aɪ	aɪ	aɪ	ai	ī
ɔɪ	point	ɔɪ	ɔɪ	ɔɪ	ɔi	ȯi
aʊ	house	aʊ	aʊ	aʊ	au	au̇
ɪɚ	dear	ɪɚ | ɪə	ɪɚ | ɪə	ɪə*r*	iə*r*	ir
eɚ	care	eɚ | eə	eɚ | eə	eə*r*	ɛə*r*	er
ʊɚ	poor	ʊɚ | ʊə	ʊɚ | ʊə	ʊə*r*	uə*r*	u̇r

7. /r/ が母音間にある場合

本書	例語	GC4	LH6	G5	その他英和	Webster
-ɪr-	serious	-ɪ(ə)r-	-ɪ(ə)r-	-ɪər-	-iər-	-ir-
-er-	carry	-ær-	-ær-	-ær-	-ær-	-er-
-er-	American	-er-	-er-	-er-	-er-	-er-
-er-	sharing	-e(ə)r-	-e(ə)r-	-eər-	-ɛər-	-er-
-ɑːr-	tomorrow	-ɑːr-	-ɑːr-	-ɑːr-	-ɑːr-	-är-
-ɔːr-	story	-ɔːr-	-ɔːr-	-ɔːr-	-ɔːr-	-ȯr-
-ʊr-	during	-ʊ(ə)r-	-ʊ(ə)r-	-ʊər-	-uər-	-u̇r-
-ɚːr-	worry	-ɚːr- | -ʌr-	-ɚːr- | -ʌr-	-əːr- | -ʌr-	-əːr- | -ʌr-	-ər-
-r-	offering	-ər-	-(ə)r-	-ər-	-ər-	-(ə)r-

3 子音の発音

3.1 子音の学び方

母音とは逆に、子音は肺からの呼気が外に出るまでに何らかの妨害を受ける音です。**子音は、この「何らかの妨害」がどのようなものなのかということにより分類されます。**本書では、英語の子音は 27 個を区別して扱います。

それを理解するためには、さまざまな音声器官の位置を把握しておかなければなりません。そこで、以下に音声器官の図を示します (図 7)。第 2 章で r の音色の母音を説明した時と同様の、頭を左右の中心で分割したと想定した断面図です。

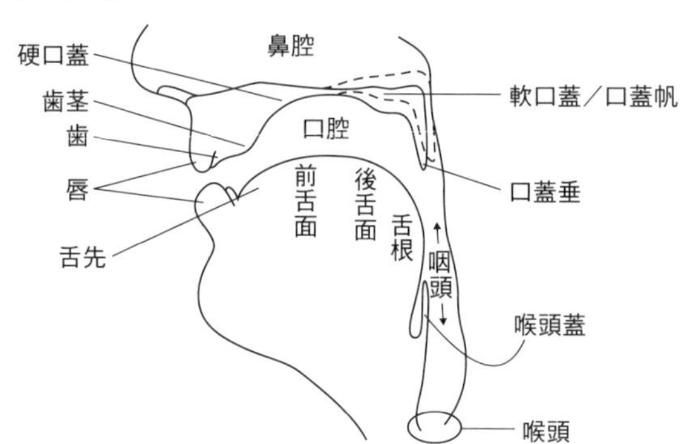

図 7　音声器官

図には多くの器官名が書き込まれていますが、全部を暗記する必要はありません。英語の子音を学ぶときに用いる必要がある名称は下**唇**、**舌先**、上の前**歯**、上の歯の裏の**歯茎**、**軟口蓋**、**鼻腔**ぐらいで、他の部位は子音の名称 (後で述べる「調音位置」) に使われることがある程度です。それでも、音声器官がこのような形・配置になっていると知っておくことは子音の発音を学ぶ際に有効です。

それぞれの部位の説明に移ります。まず、「口腔」「鼻腔」「咽頭」の 3 つは部位名というよりは、空間の名前です。

次に舌ですが、これは前から「舌先」「前舌面」「後舌面」「舌根」という部位に分けて捉えられています。これらの間に明確な境界線があるわけではありませんが、**舌先**は歯よりも前にせり出すことができる部分で、おそらく本書で最も使う機会の多い部位名です。舌根は喉の中の咽頭に面した部分で、この範囲まで舌に含まれるというのは読者にとって意外なことかも知れません。ですが英語の /ɑː/ のように舌を奥に引いた音では、舌根が後方に盛り上がって咽頭が狭くなることから、やはり舌の一部であることが分かります。

舌と口腔の中で向かい合う「口の天井」側については、前から「(上) 唇」「(上の) 歯」「歯茎(しけい)」「硬口蓋(こうがい)」「軟口蓋」「口蓋垂」と名付けられています。唇と歯について説明の必要はないでしょう。その後の 4 つについて大まかに言うと、歯茎は上の前歯の後ろのギザギザに盛り上がった肉の部分 (日常言語で言う「はぐき」とは一致しない部分があります)、硬口蓋はその後方の平坦な硬い部分、軟口蓋はさらに奥の中に骨がないために柔らかくなっている部分、口蓋垂はさらに奥にある、口を開いて鏡を見ると上から垂れ下がって見える部分です。

軟口蓋と口蓋垂は、図中の点線で示されているように、持ち上げることで、咽頭から鼻腔への通路を閉じることができます。呼吸のときはこれが下がることにより鼻腔への通路が開いていますが、言葉を話すときには、日本語と英語に関する限り、一部の子音を除いて鼻腔への通路は閉じられています。

3.2 子音の分類法

それでは子音の分類の仕方を確認してみましょう。母音のときと同様、日本語で用いている音を実際に発音しながら行います。その分類基準は、(1) **調音位置** (どこで気流が妨害されるのか)、(2) **調音様式** (それはどのような妨害の仕方か)、そして (3) **声の有無** (妨害が起こっている間に声帯は振動しているかどうか)、の 3 つです。

まずは、調音位置と調音様式を確認します。

練習	「パ」の子音

- **日本語の「パ」は [pa] という子音と母音の連続ですが、[p] では、どこでどのような妨害が起こっているでしょうか。**

… 両唇が閉じ、その後ろで空気が滞留します。次に、閉じ込められた空気の圧力により両唇を破裂的に離し、空気を解き放つことにより、次の [a] に移ります。

つまり、調音位置は「両唇」、調音様式は「破裂」です。両方の基準を合わせて [p] は「両唇破裂音」と呼ばれます。

練習	「タ」の子音

- **日本語の「タ」は [ta] という子音と母音の連続ですが、[t] では、どこでどのような妨害が起こっているでしょうか。**

… 舌先が上の前歯の後ろの歯茎に密着することで空気の通路が閉じ、その後ろで空気が滞留します。次に、閉じ込められた空気の圧力により舌先を歯茎から破裂的に離し、空気を解き放つことにより、次の [a] に移ります。

つまり、調音位置は「歯茎」、調音様式は「破裂」です。両方の基準を合わせて [t] は「歯茎破裂音」と呼ばれます。

この他の破裂音として、日本語には軟口蓋破裂音 [k] があります。この子音では、舌本体（後舌面）が持ち上がって軟口蓋に密着することで空気がせき止められ、破裂が起こります。

◉声の有無

続いて声の有無について確認しましょう。[p] と同様に両唇での破裂による子音に [b] があります。この２つの音は両唇が密着している間に声帯が振動しているかどうかにより区別されています。

声帯とは、気管の最上部にある喉頭（52 ページの図 7 の音声器官図を参照して下さい）の中にある左右２枚のひだで、間の空間である**声門**を閉じて気流を止めたり、開いて空気を通したりできる器官です。声帯が振動するときは、この声門が高速で繰り返し開閉して音が出ます。これが**声**です。声がある音は**有声音**、ない音は**無声音**と呼ばれます。

それでは、子音の声の有無を確認してみましょう。

練習	声の有無

- **首の前面、男性であればのどぼとけがあるあたりに指を触れながら、「パ、バ」[pa, ba] の２つを比べながら発音してみて、指先が振動を感じるタイミングを確認して下さい。**
  … それぞれの母音 [a] は有声音であるため、声帯の振動が指先に伝わります。
  … [pa] の場合、両唇が閉じている [p] の部分では振動を感じずに [a] になってから感じます。それに対し、[ba] では [b] の間にすでに振動を感じます。
  … 母音に移るときの破裂を最大限我慢して、閉鎖時間を延ばしてから破裂させてみると、違いが分かりやすくなります。

これにより、子音は、気流を妨げている間に声帯が振動する「声」があるかどうか、つまり**声の有無**によっても区別されることが確認できました。

３つの基準をもとにこれらの音を命名すると、[p] は無声両唇破裂音、[b] は有声両唇破裂音となります。子音の名称は、声の有無→調音位置→調音様式の順序で呼ぶのが音声学の習慣です。

◉日本語と英語に現れる子音

日本語と英語に現れる子音を表の形にまとめました。これは音声学で一般的な子音の提示法で、横軸が調音位置（左から右に行くにつれて後方になります）、縦軸が調音様式、セルの中の左が無声音、右が有声音です。日本語でのみ現れる子音のセルには網掛けを施し、英語でのみ現れる子音は太枠で囲んであります。

調音様式については補足が必要でしょう。摩擦音は調音位置に狭い隙間が作られ、そこを気流が通過する際にノイズが起こる子音です。破擦音は破裂音の直後に同じかまたは近い調音位置の摩擦音が続くものです。鼻音は調音位置が閉じる一方で鼻腔への通路が開いて共鳴が起こる音です。たたき音、側音、接近音については、このあと、該当する子音のところで説明します。

調音位置は、ほぼ名称から自明だと思いますが、唇歯音は上の歯と下唇がかかわる音です。後部歯茎音は、歯茎と硬口蓋の境界あたりに舌先を近づけるものです。硬口蓋音は、舌本体（前舌面）を硬口蓋に向けて盛り上げる音です。

表４　日本語と英語の子音

	両唇音	唇歯音	歯音	歯茎音	後部歯茎音	硬口蓋音	軟口蓋音	口蓋垂音	声門音
破裂音	p　b			t　d			k　g		
摩擦音	ɸ　β	f　v	θ　ð	s　z	ʃ　ʒ	ç	ɣ		h
破擦音				ts　dz	tʃ　dʒ				
鼻音	m			n	ɲ		ŋ	ɴ	
たたき音				ɾ					
側音				l					
接近音	w			r		j	(w)		

この表から**日本語と英語の子音にはかなり共通点が多い**ことが分かります。ただし、**英語には日本語にない子音連続が多数あり、前後の音とのつながりによって変化する様相も異なります**。この章では個々の子音だけではなく、その連続や変化の仕方についても見ていきます。

3.3 アメリカ英語の子音

アメリカ英語の子音の一覧を例語とともに表の形で示します。付属音声も併せて聞き、真似をして発音してみてください。**音声**

表5　アメリカ英語の子音

破裂音		
/p/: pay	/t/: tea /ṭ/: notice	/k/: care
/b/: boy	/d/: day /ḍ/: body	/g/: go

摩擦音				
/f/: far	/θ/: third	/s/: say	/ʃ/: show	/h/: high
/v/: view	/ð/: they	/z/: rise	/ʒ/: Asia	

破擦音	
/tʃ/: chair	/dʒ/: join

鼻音		
/m/: may	/n/: now	/ŋ/: sing

接近音			側音
/j/: you	/w/: way	/r/: rate	/l/: lay /ɫ/: oil

それでは、解説と練習に入りましょう。

無声破裂音 /p, t, k/

それぞれ調音位置は両唇、歯茎、軟口蓋で、日本語と陣容は同じです。**語頭では強く破裂させて、次の母音の前に [h] のような「風」が出るように**発音してください。**語末ではあとに母音をつけてしまわないように**注意します。語末では閉鎖はするが破裂させないということもよくあります。

練習	/p, t, k/ 音声

/p/ pass, deep

/t/ two, eight

/k/ car, make

◉/s/ で始まる子音連続 /sp, st, sk/

/p, t, k/ の前に /s/ があるときは、/p, t, k/ の破裂に [h] のような音は入りません。/s/ と /p, t, k/ の間に母音が入らないように注意する必要もありますが、日本語話者の多くにとって、これは意識しなくてもできると思います。/sp/ では、うっかりすると /p/ のための両唇の閉鎖が弱まり、無声両唇摩擦音 [ɸ]（日本語で「フ」と言うときの子音）のようになってしまいやすいので、意識して両唇を閉じるようにして下さい。

練習	/sp, st, sk/ 音声

/sp/ space

/st/ stay

/sk/ sky

3.4　有声破裂音 /b, d, g/

/b, d, g/ について、語頭と母音間では、閉鎖をしっかり作ってきちんと破裂させるように注意して下さい。**特に母音間で、日本語話者の発音は閉鎖が弱く、**同じ調音位置の有声摩擦音 [β, ð, ɣ] になりがちだからです。

練習	/b, d, g/ 音声

/b/ bus, about, baby

/d/ die, Friday

/g/ guy, ago, August

語末では、後に余分な母音をつけてしまわないように特に気をつけてください。**閉鎖を作っただけで終わりにして破裂させないようにする**といいでしょう。破裂させるのは、次に母音で始まる単語が続くときだけと考えてください。

練習	語末の /-b, -d, -g/ 音声

/-b/ job
/-d/ add
/-g/ bag

3.5　/t, d/ のたたき音への変化（/ţ, ḍ/）

上で説明した /t, d/ は、条件により「たたき音」という別の音に変化する場合があります。付属音声の女性の方で notice 音声, body 音声 を聞いてみてください。/t, d/ の部分が日本語のラ行子音のような音になっているのが分かります。この現象を**たたき音化**と呼びます。

ここで現れているのは有声歯茎たたき音（IPA では [ɾ]）で、有声歯茎破裂音 [d] の閉鎖を非常に短くしたような音です。多くの人の日本語のラ行子音として使われている音で、舌先が上の歯茎を一瞬だけたたく動作になるため、このような名称になっています。結果的に /t/ と /d/ の区別はなくなります。

本書ではこの音を、元が /t/ であるものについては IPA の有声化の補助記号を付けて /ţ/ とし（notice /ˈnoʊţəs/）、元が /d/ であるものについては（元々有声で有声化の補助記号を使うのが適当でないため）『ライトハウス英和辞典』の方式にならい /ḍ/ と表記（body /ˈbɑːḍi/）します。

これはアメリカ発音では、条件が整っていればよほど丁寧に発音しない限り起こると考えていいでしょう。以下のような音声的環境で現れます。付属音声の女性の方を聞いてください。

1.　前が強母音で後が弱母音の場合、または前後とも弱母音の場合

練習	/t, d/ のたたき音化 #1 音声

/ţ/: notice /ˈnoʊţəs/; community /kəˈmjuːnəţi/
/ḍ/: body /ˈbɑːḍi/

2. 前に母音があり、音節の中心となっている /ɫ/ が後続する場合（/ɫ/ が語末または別の子音の前。たたくのは舌先ではなく舌の脇のへりです。）

練習	/t, d/ のたたき音化 #2 音声

/ṭ/: hospital /ˈhɑːspəṱɫ/

/ḍ/: middle /ˈmɪḍɫ/

3. 前に母音がある語末で、次の単語が母音で始まる場合

練習	/t, d/ のたたき音化 #3 音声

/ṭ/: get up /ˌgeṱˈʌp/, put on /ˌpʊṱˈɑːn/, whatever /ˌwʌṱˈevɚ/（what と ever の合成語のため）

/ḍ/: good evening /ˌgʊḍˈiːvnɪŋ/

/t/ については、たたき音にする代わりに /d/ に置き換える人もいます。本書の男性ナレーターはこのタイプです。上記の例を男声 音声 で聞くと /ṱ/ は [d] になる一方、/ḍ/ は [d] のままです。どちらにせよ、/t/ と /d/ の区別はなくなっています。

/d/ のたたき音化は /t/ に比べて起こりにくいようです。このセクションの例語では /ṱ, ḍ/ の両方でたたき音を使っている女性ナレーターが、第 2 部で用いる文の用例ではほとんどの場合に /ḍ/ を [d] のまま発音しています。（男性ナレーターは元々 /ḍ/ を [d] で発音するタイプです。）

上ではこの音を多くの人の日本語のラ行の子音と書きました。ということは、たたき音でないタイプの音（[l] など）を使う人も少なからずいるということです。自分が普段使っているラ行子音がたたき音になっていない人は、ここでそれを使ってはいけません。確信がない場合は安全のために [t, d] のままにするのがいいでしょう。

◉/-nṱ-/ のたたき音化

/-nṱ-/ の連続が上記 1〜3 の条件で現れたときは、次のどちらかが起こります。

- **/t/ が /n/ に吸収されて脱落してしまう（/-nṱ-/ → [-n-]）**
- **/t/ が [d] に変化する（/-nṱ-/ → [-nd-]）**

これは /t/ のみの現象で、/d/（つまり /-nd-/ の連続）では起こりません。厳密には「たたき音化」ではありませんが、起こる条件が共通なので一括してそのように呼ぶことにします。

練習	/-nt̬-/ のたたき音化 音声

/nt̬/: ni<u>net</u>y /ˈnaɪnt̬i/, twe<u>nt</u>y /ˈtwent̬i/, i<u>nt</u>ernational /ˌɪnt̬ɚˈnæʃnɫ/

この例の中では、男声の ninety のみ /-nt̬-/ が [-nd-] になっており、そのほかは [-n-] で発音されています。

3.6 歯擦音 /s, z, ʃ, ʒ, tʃ, dʒ/

/s, z/ は舌先と上の歯茎を近づけて狭い隙間を作ることにより、そこを通過する気流がノイズを起こす調音様式を持つ**摩擦音**で、/s/ が無声音、/z/ が有声音です。/ʃ, ʒ/ はそこよりも少し奥の、歯茎と硬口蓋の境界あたりに舌先を近づける後部歯茎摩擦音（/ʃ/ が無声、/ʒ/ は有声）です。/tʃ, dʒ/ は破裂音 [t, d] が破裂する過程で [ʃ, ʒ] を経るというもので、このような調音様式を持つ音を**破擦音**と呼びます。

いずれの音も、調音位置の狭い隙間を通過して加速された気流が前歯に直角に当たることによる周波数の高い鋭いノイズが特徴で、**歯擦音**と呼ばれます。歯擦音とは、音質（音響的特徴）により子音を分類した名称で、本章の最初で見た子音の３つの分類基準とは別の分類法です。

無声音である /s, ʃ, tʃ/ の発音に特に難しい点はありません。/ʃ, tʃ/ では唇を丸く突き出すのが普通で、/s/ に比べて低い周波数が強調されたノイズになります。

練習	/s, ʃ, tʃ/ 音声

/s/ <u>s</u>outh, me<u>ss</u>age, ba<u>s</u>e

/ʃ/ <u>sh</u>op, ma<u>ch</u>ine, wa<u>sh</u>

/tʃ/ <u>ch</u>oice, ki<u>tch</u>en, ca<u>tch</u>

有声音である /z, ʒ, dʒ/ は、少しやっかいです。日本語には [ʒ] と [dʒ] 両方の音がありますが、両者の間に区別がないためです。たとえば「火事」という単語は語中の子音に摩擦音を用いて [kaʒi] と発音しても破擦音を用いて [kadʒi] と発音しても意味は変わりません（前者の摩擦音の方が普通です）。語頭では基本的に [dʒ] が使われ（「事故」[dʒiko]）ますが、仮に [ʒ] を用いても意味は変わりません。そのため、[ʒ] と [dʒ] を区別して発音したり聞き取ったりするのが困難なのです。

英語では /dʒ/ と /ʒ/ は別個の音素なので、区別して発音する必要があります。聞き取りという観点からは、混同したとしても大きな誤解を招く心配は少ないのですが、発音するときは区別した方が好ましいです。/dʒ/ では舌先をしっかり上歯茎につけて破裂させる一方、/ʒ/ では舌先が上歯茎に触れないように意識しましょう。（ただし、/ʒ/ は語頭に分布しないという制限があるため、気をつける必要があるのは母音間と語末の場合だけです。）

練習	/dʒ, ʒ/ 音声

/dʒ/ jump, energy, stage

/ʒ/ usually, decision

◉歯擦音で終わる単語の語形変化

歯擦音で終わる単語には、名詞なら複数形・所有格、動詞なら三人称単数現在形を作るときに語尾として /-ɪz/ を加えるという共通点があります。次の例で確認してください。

練習	歯擦音で終わる単語の複数形・所有格・三人称単数現在形 音声

/s/ boxes; /ʃ/ wishes; /tʃ/ watches; /z/ rises; /dʒ/ pages

複数形・所有格・三人称単数現在形を作る語尾には /-s/ と /-z/ もあります。末尾が歯擦音以外の無声子音（/p, t, k, f, θ/）の場合には /-s/、歯擦音以外の有声子音（/b, d, g, v, ð, m, n, ŋ, ɫ/）または母音の場合は /-z/ となります。これも音声で確認してください。

練習	歯擦音以外で終わる単語の複数形・所有格・三人称単数現在形 **音声**

/-s/ hopes, cats, backs, laughs, fifths

/-z/ jobs, heads, bags, loves, games, men's, songs, feels, knows

◉/-z/ と /-dz/ の区別

上記の例のうち、cats に現れる /-ts/ と heads に現れる /-dz/ も /dʒ/ と同様の破擦音です。日本語では [z] と [dz] の区別がないため、**英語の /-dz/ と摩擦音 /-z/ の区別は困難ですが、それぞれ /-d/ で終わる単語と、母音で終わる単語に変化形の /-z/ が付くことで生じるため、区別が必要な例がかなり多くなります**。/dʒ/ と /ʒ/ の場合と同様に、/-dz/ では舌先を上の歯茎につけ、/-z/ ではつけないことで区別します。

練習	語末の /-dz/ と /-z/ **音声**

/-dz/ cards, rides, Ted's /ˈtedz/

/-z/ cars, lies, Joe's /ˈdʒoʊz/

語頭や語中の /z/ もこれと同様に、/dz/ と混同してしまわないように注意することが必要です。英語では /dz/ は語末でしか現れず、それ以外の位置では他の単語と混同する可能性はないため、多少は気が楽ですが、日本語では基本的に語頭のザ行子音に破擦音を使うため（「増加」[dzoːka]）、きれいな発音を目指すなら、特に語頭では舌先を上の歯茎につけないよう注意した方がいいでしょう。

練習	語頭と母音間の /z/ **音声**

/z-/ Z（文字名）

/-z-/ music, design

3.7 破擦音となる子音連続 /tr, dr, str/

/tr, dr, str/ のように子音が連続するとき、/t, d/ は後続の /r/ と一体化して発音されることにより [tʃ, dʒ] のようになります。結果的に /tr, dr/ は [tʃr, dʒr] のようになります。/str/ では加えて最初の /s/ も [ʃ] となって [ʃtʃr] のような発音になる人もいます（付属音声では [stʃr] です）。

練習	**/tr, dr, str/** 音声

/tr/ true

/dr/ drew

/str/ straight

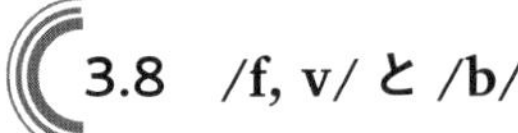

3.8　/f, v/ と /b/

/f, v/ では、上の前歯の表側を下唇の内側に近づけて、そこを通過する空気が摩擦を起こします。発音を実地で教える時に、上の歯と下唇を使うということを明示するために上の前歯を下唇の上にかぶせてむき出しにして見せたりする指導者もいますが、それはあくまでもデモンストレーションのためであり、実際にそのような構えを作るのは不自然です。/f/ は日本語の「フ」の子音 [ɸ]（無声両唇摩擦音）と似ていますが、少し鋭い響きです。

/v/ と /b/ の区別がよく問題になりますが、これも /ʒ/ と /dʒ/、/z/ と /dz/ の区別と同様、日本語で同じ調音位置を持つ有声破裂音・摩擦音・破擦音の間に区別がないことが原因です。**/b/ では破裂を強く、/v/ では摩擦に「ため」を作ることで区別しやすくなります。**

練習	**/f, v, b/** 音声

/f/ few, office, safe

/v/ very, over, wave, travel

/b/ best, maybe, job, trouble

3.9 /θ/ と /s, f/

/θ/ はいわゆる th の音です。舌先を上の歯の裏側に近づけるか、上下の歯の間からのぞかせて発音します。このとき舌を盛り上げて上の歯茎に近づけると鋭い摩擦音になり [s] に近くなってしまうため、**なるべく舌を平らにするように**注意します。音質は [s] よりもむしろ [f] に似ているので、そのイメージで発音してもいいでしょう。摩擦がほとんど聞こえなくて頼りない感じがするかも知れませんが、むしろその方が好ましい発音になります。

練習	/s, θ, f/ 音声

/s/ saw, officer, force

/θ/ thought, anything, fourth

/f/ fought, offer, laugh

日本語話者の一部は、サ行の子音を [s, ʃ] ではなく [θ] で発音しています。つまり、「サシスセソ」を [sa ʃi sɯ se so] ではなく [θa θi θɯ θe θo] と発音しているということです（日本語の「ウ」に、ここでは非円唇の [ɯ] の記号を使います。英語の円唇の /uː/ との違いを強調するためです）。そのような人は、/θ/ よりもむしろ /s/ の発音に注意が必要となります。舌を盛り上げて上の歯茎に近づけて、できるだけ鋭い音が出るようにしてください。

3.10 /ð/ と /z, d, v/

/ð/ は /θ/ に対応する有声音なので、舌の構えなどは同じです。音質は /v/ に似ている面もあります。**日本語話者は「ダ、デ、ド」の子音が母音間にあるときに閉鎖が弱まって [ð] になりがち**であるため、/z/ と区別するためには、そのイメージを利用してもいいでしょう。逆に、英語の語頭の /ð/ は舌先が上の前歯に一瞬密着して破擦音 [dð] のようになり、/d/ に近く聞こえることもあります。

練習	/ð, v, z/ 音声

/ð/ those, rather, with

/v/ river, have

/z/ sizes, has

3.11　鼻音 /m, n/

/m, n/ は、語頭と母音間では発音上の問題はありません。語末では区別が難しくなりますが、あくまでも /m/ では両唇、/n/ では舌先と上の歯茎を密着させます。

練習	/m, n/ 音声

/m/ home, room

/n/ June, known; dance, attention

この練習で盲点になりやすいのは dance と attention です。日本語話者の発音では、/s, ʃ/ の前に /n/ がある場合、日本語の「ン」と同様に、舌先と上の歯茎の接触がなくなりがちで、それは /n/ を発音していないことになってしまうからです。これは **/n/ と /s, ʃ/ の間に [t] を入れて /nts, ntʃ/ とすることで回避できます**。これは母語話者も行っている発音です。

◉/m, n/ と鼻腔解放

/t, d/ の後に /n/ が続く /tn, dn/ の組み合わせは、2つの音の調音位置が同じであるため、/t, d/ のための舌先と上の歯茎の接触を保ったまま、鼻の中に向けて破裂が起こります。これを**鼻腔解放**と呼びます。語中ではもちろん、単語間でも起こります。

練習	/n/ の鼻腔解放 音声

/tn/ eaten, certainly; at night

/dn/ garden, suddenly; bad news

/p, b/ の後の /m/ でも鼻腔解放（両唇を閉じたまま鼻の中に向けて破裂）が起こります。本書で扱う単語では、これを語中に含むものはありませんので、例としては単語の連続を挙げておきます（本書のレベルより上では、topmost, submit などが挙げられます）。

練習	/m/ の鼻腔解放 音声

/pm/ stop me
/bm/ job market

3.12 /ŋ/ と /ŋg/

/ŋ/ は語頭には分布せず、語中と語末でのみ現れます。語末では、後に /k/ が来ることはありますが、/g/ が続くことはありません。語末の /ŋ/ は「ング」と言うつもりで「グ」は言わずに「ン」で踏みとどまるように発音します。

練習	/ŋ/ 音声

/ŋ/ drink; thing, song, morning

語中では /g/ が後続する /ŋg/ と、後続しない /ŋ/ の両方が起こり、その区別は日本語話者にとって困難です。「ン」とガ行子音の連続を [ŋg] とする人と [ŋŋ] とする人がおり（「版画」[haŋga] ないし [haŋŋa]）、さらに母音間のガ行子音について、有声破裂音 [g]、有声摩擦音 [ɣ]、鼻音 [ŋ] を使う人に分かれる（「影」[kage] または [kaɣe] または [kaŋe]）ため、万人に効く処方箋はありません。一般論としては、**/ŋ/ の次に /g/ の破裂を作るか作らないかを意識します**。

練習	/-ŋg/ と /-ŋ-/ 音声

/-ŋg-/ language, finger, single; younger, strongest
/-ŋ-/ bringing, singing

◉つづり字 <ng> の読み方

語中のつづり字 <ng> は、原則として /ŋg/ と読みます。母音間に /ŋ/ が起こるのは -ng で終わる単語に母音ではじまる語尾がついたもの（bringing, singing）の場合ですが、形容詞の比較変化（younger, strongest）は例外的に /ŋg/ となります。

> 実は、**英語の母語話者でも /-ŋ-/ と /-ŋg-/ の区別が怪しい人がいます**。本書の女性ナレーターはそのタイプで、このセクションの見本では大丈夫ですが、第２部の用例では /-ŋg-/ とするべきところを /-ŋ-/ と発音しています。母語話者としてそれでもやっていけるということは、この区別は実際にはそれほど重要でないのかもしれません。
>
> ただし、**日本語話者はどちらかというと、これとは逆に /-ŋ-/ を /-ŋg-/ としてしまう傾向があるように思われます**。英語の母語話者で /-ŋ-/ を /-ŋg-/ とする例もごくまれにありますが、それを安心して使っていいと言える根拠を私は持ち合わせていません。やはり、区別して発音できるようになるべきでしょう。

3.13　無声声門摩擦音 /h/

この音は、直後の母音と同じ構えのまま息を吐くことで摩擦が聞こえる音です。口の中には狭めがないため、強いて言えばいちばん狭くなっている声門を調音位置と見なしています。日本語では、「ハ」[ha]、「ヘ」[he]、「ホ」[ho] がこの音です。同じハ行でも「ヒ」は無声硬口蓋摩擦音を用いた [çi]、「フ」は無声両唇摩擦音を用いた [ɸɯ] となります。

英語では、後に来る母音にかかわらず常に [h] なので、日本語で用いる [ç, ɸ] では摩擦が強すぎで、特に [ɸ] は /f/ と誤解される恐れがあります。**正しく /h/ を発音するためには、後の母音と同じ口の構えで息を強く出すようにします**。

練習	/h/ 音声

/h/ heat, hill, hear; whose

ただし、/hj/ の組み合わせは [ç] となります。

練習	/hj/ 音声

/hj/ human /ˈhjuːmən/

本書の女性ナレーターは、第 5 章の用例では /iː/ の前でも /h/ を [h] でなく日本語話者と同様の [ç] で発音しています。そのため、[ç] を使わないようにというアドバイスは絶対のものではありません。

3.14　接近音 /j, w, r/

◉/j/

構えは母音でありながら、子音として機能するものを接近音と呼びます。/j/ は日本語のヤ行子音と同じく、実質は [i] の構えで急激に次の母音に移ることで子音として機能しているものです。ただし、英語の /j/ は /iː, ɪ, ɪɚ/ のような、日本語のヤ行では組み合わせ不可能な母音が続く場合もあります。そのような組み合わせでは、**/j/ は [i] よりもさらに前舌面を上げ、硬口蓋との間でほとんど「ギ」のような摩擦が聞こえるぐらいにします。**

練習	/j/ 音声

/j/ yes

year /ˈjɪɚ/ vs. ear /ˈɪɚ/

yeast /ˈjiːst/ vs. east /ˈiːst/

◉/w/

/w/ は日本語のワ行子音と同様に、実質は [u] の構えで急激に次の母音に移行することで子音になります。日本語の /w/ は唇の丸めが弱いため、**英語の /w/ の発音では唇を丸めて突き出すことを意識してください。**

日本語では「ワ」/wa/ という組み合わせしかありませんが、英語では /w/ はあらゆる母音の前で現れます。注意すべきは /uː, ʊ/ の前に現れる場合です。この /w/ では、直後の母音よりも強く唇を丸め、それを適切なタイミングで緩めて母音に移るようにします。

練習	注意すべき /w/ 音声

/wʊ/: wood /ˈwʊd/, woman /ˈwʊmən/

※ woman の複数形は women /ˈwɪmən/ で、-man → -men の部分の発音は変わらずに、wo- の部分の発音が /wʊ-/ から /wɪ-/ に変化します。

/w/ の後に /uː/ が来る単語は本書で扱う単語の範囲にはありません。一応 woo /ˈwuː/, woozy /ˈwuːzi/ という単語は存在しますが、出会う可能性はとても低いので、実質的に気にする必要があるのは /ʊ/ が後続する場合です。/ʊ/ は日本語の「オ」にかなり近い音なので、/wʊ/ という組み合わせは「ウォ」の響きがあると言ってもいいでしょう。

◉つづり字 <wh> の読み方

つづり字 <wh> で始まる単語のうち、who など次に <o> が来るものでは、この <wh> は /h/ に対応します。それ以外の単語では /w/ に対応します。アメリカ発音で /hw/ という連続となる可能性を表記している辞書がほとんどですが、**現実には大多数の話者で /h/ は発音されず /w/ となります**。結局、次のような単語のペアは同音になります。

練習	/w/＝/hw/ 音声

/w/: wear

/hw/ → /w/: where

◉/r/

母音の解説で触れましたが、r の音色の母音 /ɚ/ の構えは子音としての /r/ と同じです。つまり /ɚ/ から急激に別の母音に移ると子音 /r/ として機能します。構えはそり舌でも盛り上がり舌でも構いません (第 2 章の図 4 [41 ページ] を参照して下さい)。ただ、**舌先がうっかり日本語のラ行子音のように上の歯茎にぶ**

つかってしまうのを防ぐためには、盛り上がり舌の形で発音した方がよいかもしれません。

英語を習い始めの頃、語頭の /r/ は前に「ウ」を入れて発音すると教わった方もいると思いますが、この「ウ」は母音としての /ɚ/ の響きの一端を描写したものです。

練習	/r/ 音声

/r/: rich, rule; marry /ˈmeri/, parent /ˈperənt/, theory /ˈθiːəri/

本書の発音表記では、母音の後に来る /r/ は /ɚ/ と表記して r の二重母音の後半部分をなします。母音間の /r/ についても、r の二重母音と関連づけて第2章で扱いました。/r/ の前では /æ/ が現れず /e/ になることも、すでに触れたとおりです。

3.15 /r/ と /l/

/r/ と /l/ の区別は、英語の発音の中で日本語話者が最も苦手とする項目だと多くの人が考えています。そのためもあってか、**/r/ に関してはむしろ学習者の意識も高く、英語の子音の中では比較的うまく発音されている音に入ります**。問題は、両者のうち簡単な方だと思われている傾向が強い /l/ の方にあります。

/l/ は舌先を上の歯茎につけるという点は /t, d/ などと同じですが、舌本体の両脇をすぼめて両側に空気の通路を作り、有声の状態でそこから空気を外に出すというものです。これ自体は「ウ」に似た響きの音で、実質は母音のようなものです。この状態から舌先を歯茎から離して次の母音に移行することで子音として機能するというのは、/j, w, r/ の場合と同様です。

/j, w, r/ と同様、/l/ も「接近音」に分類されます。ただし /l/ の場合は、他の3つとは違い、中央は舌先と上の歯茎によって閉じられ、舌の側面を空気が通っているため「歯茎側面接近音」と呼ばれます（56ページの表4ではこの調音様式を「側音」としています。これは「側面接近音」を簡略化した用語で、一般にはこちらの方がよく使われます）。

一部の日本語話者が用いる日本語のラ行子音は [l] です。おそらくはそれが理由となって**「日本語のラ行は L だ」という俗説が生まれている**ようです。しかし、より多くの人がラ行子音として使うのは歯茎たたき音の [ɾ] なので、この説は一部の人にしかあてはまりません。

とはいえ、母音の前で /r/ と /l/ を発音し分けることに関しては、調音上の共通点がほとんどないので、正しく学べばそれほど難しいものではありません。

/l/ の発音についていちばん問題なのは語末ないし子音の前の /l/ で、これはラ行子音とは全く似ていない「ウ」のような音です。/r/ では語末・子音の前のものは /ɚ/ と表記することで（辞書によっては /ər/ のような表記を使うことで）、母音の前の /r/ との違いを際立たせることができていますが、/l/ については一般にそのような工夫が行われていないことも、/l/ を正しく発音している人があまり多くない理由の 1 つでしょう。

研究社の『新英和大辞典』第 6 版はこれを認識して、語末・子音の前の L に /ɫ/ という別個の記号を与えています。本書もその表記を採用し、本章の最初の子音一覧とその後の他項目の説明でも用いました。

練習	/r, l, ɚ, ɫ/ 音声

/r/（母音の前・母音間） rate, right, wrong; arrive, forest

/l/（母音の前・母音間） late, light, long; allow, dollar

/ɚ/（＝語末・子音の前の /r/） wear, poor; farm, court

/ɫ/（＝語末・子音の前の /l/） well, pull; film, cold

上記の例にはありませんが、/ɫ/ の前に /n/ がある場合（final /ˈfaɪnɫ/ など）には、/nɫ/ は「ヌー」あるいは「ノー」のように聞こえます。そのとき舌先は上の歯茎につけたままです。

◉/l/ と側面解放

/t, d/ の後に /l/ が続く /tl, dl/ という組み合わせは、2 つの音の調音位置が同じであるため、/t, d/ の舌先と上歯茎の接触を保ったまま、舌の両脇だけを歯茎から離して破裂が起こります。これを**側面解放**と呼びます。語中はもちろん、単語間でも起こります。

練習	側面解放 音声

/tl/ completely, at last; /dl/ dead languages

この連続を /tr, dr/ と混同している人が時々います。/tl, dl/ では /t, d/ が [tʃ, dʒ] のようになることはありませんので注意してください。また、ここでの例は /l/ の後に母音が続くものです。語末や子音の前の場合は /l/ ではなく /ɫ/ となり、上記の「/t, d/ のたたき音化 #2」が起こります。

3.16 子音連続中の /r/ と /l/

◉/pr, pl, br, bl, kr, kl, gr, gl/

/pr, pl/ のように、子音のあとに /r, l/ が続くときは、いずれの場合も、2つの子音の間に母音を入れてしまわないように注意してください。/r, l/ が単独で現れる場合よりも発音・聞き分けともに難しくなります。

練習	子音連続 音声

/pr/ price; /pl/ place
/br/ bright; /bl/ black
/kr/ cry; /kl/ climb
/gr/ grow; /gl/ glass

他にも子音連続のパターンは色々ありますが、本書で扱う基本語の範囲ではすべてが現れるわけではありません。したがって、系統立てた解説にはなり得ないため、他のものは第2部で文の形の練習をする中で必要に応じて指摘します。

3.17 子音の発音表記のいろいろ

母音の場合と違い、子音は辞書による発音表記の違いが少ないのですが、本書独自の使い方をしている部分を中心に、ここで違いを見ておきます。

◉/t, d/ のたたき音化関連

本書	例語	LH6	その他英和	Webster
t̬	notice	ṭ	t	t
ḍ	body	ḍ	d	d
nt̬	ninety	nṭ	nt	nt
t̬ɫ	hospital	ṭl	t(ə)l, təl	t^{ə}l
ḍɫ	middle	ḍl	d(ə)l, dəl	d^{ə}l

たたき音化の可能性を表記している辞書は少なく、『ライトハウス英和辞典』の他には『コンパスローズ英和辞典』、『新英和大辞典』第 6 版、『オーレックス英和辞典』第 2 版（旺文社、/t/ のみ）しかありません。そうでない辞書の場合、/t, d/ に /ɫ/ が後続しているものでは、/l/ の表記の仕方からたたき音化の可能性を読み取れますが、それ以外の環境（表の最初の 3 行）については本文上記の「/t, d/ のたたき音化」で挙げた条件を当てはめて判断するしかありません。

◉wh 語関連

本書	例語	GC4, LH6	G5	その他英和	Webster
w	where	(h)w | w	w, ⦅米＋⦆ hw	(h)w, *h*w	(h)w

この種の単語のつづり字 <wh> に対応する発音は、辞書により表記がさまざまです。いずれも、アメリカでは /w/ または /hw/、イギリスで /w/ となるという意味ですが、現在ではアメリカでも /hw/ となることはほとんどなくなっているため、本書では /w/ 一本に絞って表記しています。

◉鼻腔解放、側面解放関連

本書	例語	GC4, LH6	その他英和	Webster
tn	eaten	tn	t(ə)n, tən	t^{ə}n
dn	garden	dn	d(ə)n, dən	d^{ə}n
nɫ	national	nl	n(ə)l, nəl	n^{ə}l
nl	certainly	nl	nl	n-l

多くの辞書は、本書とは違い、2つの子音の間に /ə/ が入る可能性を表記しています。確かに /ə/ を入れても完全に間違いだとは言えないのですが、やはり舌先を上の歯茎から離さず、間に母音が入らない発音を目指すべきです。

◉語末・子音の前の /ɫ/ 関連

本書	例語	GC4, G5	LH6	その他英和	Webster
pɫ	couple	pl	pl	p(ə)l, pəl	pəl
bɫ	able	bl	bl	b(ə)l, bəl	bəl
mɫ	animal	ml	m(ə)l	m(ə)l, məl	məl
kɫ	local	kl	kl	k(ə)l, kəl	kəl
gɫ	single	gl	gl	g(ə)l, gəl	gəl
vɫ	travel	vl	vl	v(ə)l, vəl	vəl

/ɫ/ の前に他の子音が来るパターンもありますが、すべてを挙げると煩雑になりますし、本書で扱う基本語にすべてが現れるわけではないので一部にとどめています。本書では2つの子音の間に母音が入らない表記を用いていますが、調音位置が違っていることにより、現実には短い /ə/ が入ってしまうのが普通です。そこで、多くの辞書ではそれを表記に含めています。本書で /ə/ を表記に含めないのは、積極的に母音を入れてしまうと不自然な発音になることから、それを避けるためです。

◉その他の子音

本書	例語	英和	Webster
θ	third	θ	th
ð	they	ð	th
ʃ	show	ʃ	sh
ʒ	Asia	ʒ	zh
tʃ	chair	tʃ	ch
dʒ	join	dʒ	j
j	you	j	y

この表に含めた子音に関しては、英和辞典の間で使っている記号に違いはありません。Merriam-Webster をはじめとするアメリカの英英辞典では IPA によら

ず、「フォニックス」式の表記を用いています。なお、/juː/ の連続に Merriam-Webster では /yü/ を用いていますが、フォニックスの世界ではこの音連続に (ū) を用います。これはつづり字 <u> の「長音」読みがこれに対応していることによります。

第 II 部

実践編

文を用いたトレーニング

はじめに

第2部では第1部で学んだことをもとに、例文を用いて発音のトレーニングをします。基本1000語をすべて含めるため、およそ300の用例を用意しました。

アクセントとイントネーションについては、原則的なことを第2章で解説しました。しかし、アクセントとイントネーションは、使っている単語の数やタイプ、文の種類や区切り方によって非常に多くの異なる形になります。そのようなものを習得するには、原則がどのように適用されて実際の発音になるのかを確認しながら練習するのが有効です。それによって、それぞれの単語の発音を単につなげるだけの発音から、英語らしい発音に進むことができるのです。

多くの実例に基づくことで初めて有効な説明が可能になる**リズム**もこの第2部で扱います。

アクセント・イントネーション・リズムに関しては、それぞれの用例について提示したものが唯一の適切な型というわけではありません。他にも色々と妥当な発音の仕方が存在するでしょう。それでも読者の皆さんには、ここで提示した型をできる限り忠実になぞって発音していただきたいと思います。

様々なパターンを意識的に使うことができるようになることは、発音、いや発音に限らず言語の学習にとって重要な過程です。もちろん、最終的にはそのようなパターンを無意識に使えるようになるのが目標となる訳ですが、本書で行おうとしているのは、その前段階としての**意識的な学習とトレーニング**です。意識的に学ばずに吸収するという習得方法もあり得ますが、それを指向する場合、そもそも本書のような教則本に就く必要はないわけですので、読者の皆さんには信じて取り組んでいただきたいと思います。

◉用例と解説について

用例のレコーディングに際してナレーターには、いわゆるナチュラルスピードよりも少しゆっくり発音するようお願いしました。あくまでも練習ですから、色々な点に注意を払うには、スピードは遅めが好ましいからです。また私の観測範囲では、日本の英語学習者は英語を話すときに急ぎすぎてしまう傾向があるように思います。実際に考えながら話す場合なら、この程度のスピードで十分です。

用例は、アクセント・イントネーションのパターンや、その他のポイント別に分類し、それぞれに解説を加えながら練習します。トレーニングである以上、数をこなすことで身につくことも多いですが、それを可能な限り体系的で的を絞った訓練にするためです。

解説には、その内容に応じて【単語】【つながり】【イントネーション】というラベルをつけました。【単語】は個別の単語の発音についての注記、【つながり】は単語と単語のつなげ方についての注意です。【イントネーション】は、イントネーションに加え、アクセントとリズムに関する解説も含みます。

スペースの都合から、ピッチ変動を第２章のように曲線で示した図は一部にしかつけていません。記号はすべての用例に付けていますので、曲線がある用例を使って、耳から聞いた音と曲線・記号の対応関係を把握できるようにして下さい。慣れれば記号のみの表記から音声をなぞって発音できるようになるはずです。

◉第２部の構成

第２部の構成は目次をご覧ください。一見して、分類が細かいために圧倒されそうになるかも知れません。これは、300 もの用例を退屈することなしに練習するには、材料を小分けにした方がいいと考えたからです。独立した項目になっているからといって、その中に含まれる用例すべてで新しいことを学ぶわけではなく、あくまでも同じようなタイプの文をまとめて原則の応用の仕方を習得するのが目的です。細かく分けられていることで、読者の皆さんが練習に濃淡をつけるための目安にもなるでしょう。

4 短い平叙文の基本的なパターン

最初に、**全体が 1 つのイントネーション句で核音調が下降調**というものから練習しましょう。これは短い平叙文で用いられます。普通の発話で用いられる文はもう少し長く、2 つ以上のイントネーション句に分かれる方が多いのですが、まずは単純な例で型を身につけるためです。

4.1 すべての内容語が第 1 アクセント

基本的なパターンの中でも最も単純な形では、すべての内容語に第 1 アクセントを与えます。最後の第 1 アクセントが音調核で、ピッチが下降する下降調を持ちます。それ以外の第 1 アクセントは平坦調の場合も下降調の場合もあります。

1 **音声** The ↘**wa**ter was **lev**el with my ↘**shoul**ders. (水は肩の高さまであった)

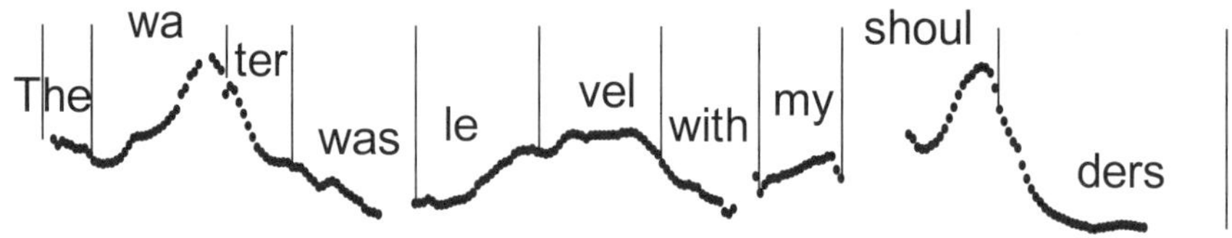

【イントネーション】3 つの内容語のうち、最初の第 1 アクセント (water) と 3 番目の音調核 (shoulders) の音調は下降調、2 番目 (level) は平坦調
【単語】water /ˈwɑːt̬ɚ/：/t/ がたたき音化している

このイントネーションは hat pattern (Bolinger 1986: 47) と呼ばれることが

あります。ピッチ曲線を図式化すると次のような形になるためです。

「帽子」というと左側のような形が普通は連想されますが、実際には頭のてっぺんにあたる部分がめり込んだ右側の形のようになる場合が多く、この例も最初の第1アクセント（water）が下降調のため右側の形になっています。最初の立ち上がりは最初の第1アクセント、最後の下がる部分は音調核です。

2　**音声** I ↘**made** a **per**sonal ↘**call** on him.（私は自ら彼を訪問した。）

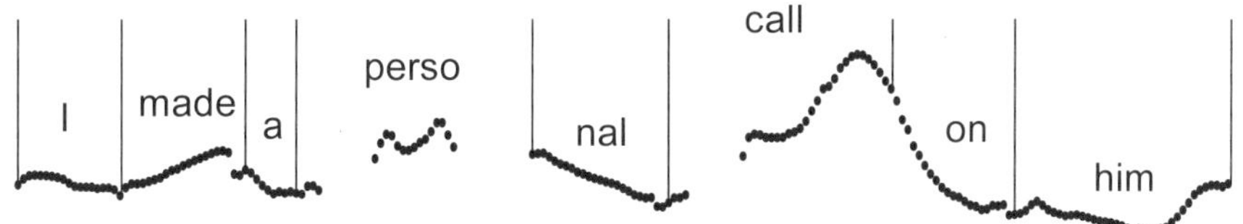

【イントネーション】3つの内容語（made, personal, call）が第1アクセントを持ち、made と音調核の call は下降調、personal は平坦調。最後の on him は call の下降調の尾部として低く平坦（最後に少しだけ上昇している部分は無視できる）

【単語】personal は2音節の /ˈpɚsnɫ/ と発音されている。/n/ から /ɫ/ への移行は側面解放で、「ノー」のように聞こえる

【つながり】made の末尾の子音 /d/ は母音の前のため、たたき音化している

3　**音声** **Ma**ny **peo**ple were **crowd**ed into the ↘**bus**.（多くの人がバスに押し込まれた）

【イントネーション】内容語（Many, people, crowded, bus）はすべて第1アクセントで、音調核を持つ bus のみ下降調。それぞれのアクセントのピッチが順を追って低くなっている。どこを強調するでもない文でよく起こるパターン

【単語】【つながり】crowded の2つの /d/ はどちらもたたき音化している

4 **音声** The **old man** was **sta**ring into ↘**space**.（老人は中空を見つめていた）

【イントネーション】内容語（old, man, staring, space）はすべて第１アクセントで、space が下降調の音調核を持つ。後になるほど第１アクセントのピッチが低くなっている

【単語】staring /ˈsterɪŋ/（< stare /ˈsteɚ/）

5 **音声** The ↘**play**ers **went** into ↘**train**ing.（選手たちは練習を始めた）

【イントネーション】内容語（players, went, training）はすべて第１アクセントで、最初の players と最後の音調核 training は下降調。後になるほど第１アクセントのピッチが低くなっている

6 **音声** The ↘**rocks** were **worn** by the ↘**waves**.（岩は波で浸食された）

【イントネーション】内容語（rocks, worn, waves）はすべて第１アクセントで最初の rocks と音調核の wave が下降調

【単語】wear の過去分詞 worn の発音は /ˈwɔɚn/。これはつづり字 <w> の後では <or> を <ur> /ɚː/ として読むという原則の例外

7 **音声** You should ar↘**rive** at the ho↘**tel** before ↘**dark**.（ホテルには暗くなる前に着くべきだ）

【イントネーション】内容語（arrive, hotel, dark）はすべて第１アクセントかつ下降調

【単語】before は /bəfɔɚ/ と発音されている。/bɪfɔɚ/ という発音もあるが、アクセントを受けていないため、最初の音節の弱化の程度が大きい /bəfɔɚ/ が現れている

8 **音声** They **live** with<u>in</u> **two** ↘**miles** of my ↘**house**.（彼らは私の家から２マイル以内に住んでいる）

【イントネーション】内容語（live, two, miles, house）はすべて第１アクセントで、miles と音調核の house は下降調。機能語のうち within は第２アクセント

4.2 途中の内容語が第2アクセント

ある程度長い文になると、第1アクセントばかり続けるのが単調に感じられます。その場合、最初と最後を強いまま保ち、途中を弱めて第2アクセントにするというパターンが起こります。内容語が3つ以上なら短い文でも起こり得ます。後で扱う「交替リズム」や、単語の意味的な重要度の違いもこのパターンが生じる理由です。

9 **音声** He **al**most ↘**al**ways goes to **work** by ↘**car**.（彼は大体いつも自動車通勤だ）

【イントネーション】5つの内容語（almost, always, goes, work car）のうちgoesのみ弱めで第2アクセント。これはgoesが内容語の中では相対的に意味的重要性が低いため

10 **音声** **This** ↘**pic**ture is paint ed in ↘**oils**.（この絵は油絵の具で描かれている）

【イントネーション】4つの内容語（this, picture, painted, oils）のうちpaintedのみ第2アクセント。これは「絵」と「油絵の具」の文脈であれば予測できる範囲の言葉で、重要度が低いため
【つながり】pictureの語末の /ɚ/ は次に母音が続いているため、間にわたり音として /r/ が聞こえる

11 **音声** Her **son's** ↘**death** <u>drove</u> her **out** of her ↘**mind**.（息子の死で彼女は取り乱した）

【イントネーション】5つの内容語（son's, death, drove, out, mind）のうち drove のみ第2アクセント。他のものよりも意味的に軽いため

【単語】out の /t/ は語末で母音が続くため、たたき音化

12 **音声** The ↘**sea** <u>grew</u> **wild**er and ↘**wild**er.（海はどんどん荒れていった）

【イントネーション】5つの内容語（sea, grew, wilder, wilder）のうち grew のみ第2アクセント。be 動詞に近い働きで、動詞としては意味が希薄なため

【つながり】1つめの wilder と and の間に休止があるため、つなぎの r は生じていない。しかし、1つめの wilder のアクセントが平坦調であることにより、wilder and wilder の一体感が出ている

13 **音声** The **play** was pro<u>duced</u> with **great** suc↘**cess**.（その劇は大成功をおさめた）

【イントネーション】4つの内容語（play, produced, great, success）のうち produced のみ第2アクセント。同じ意味を The play was a great success. とも表現できることから分かるように、この文で伝える意味にあまり寄与しない語であるため

14 **音声** **This** ma↘**chine** can be <u>used</u> for **va**rious ↘**pur**poses.（この機械は様々な用途に使える）

【イントネーション】内容語のうち、used は第2アクセントに格下げされている。意味的重要性があまり高くないため

【単語】can は肯定形では弱アクセントで /kən/ と発音される。for も弱アクセントで /fɚ/ と発音される（/fɔɚ/ とはしない）

15 **音声** The ↘po**lice** are <u>try</u>ing to <u>find</u> the **cause** of the ↘**fire**. (警察は火事の原因を見つけようと努めている)

【イントネーション】trying, find, cause はどれもピッチの変動が小さいという点では同じだが、cause のみ若干持続時間が長い。そのため cause は第1アクセント、trying, find は第2アクセント

【単語】trying の発音は、本来は2音節の /ˈtraɪɪŋ/ だが、ここでは2つの母音が融合して1音節の /ˈtraɪŋ/ になっている

16 **音声** She de**signs** <u>dress</u>es for **young** ↘**wo**men. (彼女は若い女性用のドレスのデザインをしている)

【イントネーション】内容語のうち dresses のみ第2アクセント

【単語】woman /ˈwʊmən/ の複数形 women は /ˈwɪmən/ とされているが、ここでは /w/ の影響で /ɪ/ が後ろ寄りの /ʊ/ のようになり、結果的に単数形と同じような発音になっている

17 **音声** Her **job does**n't in↘**clude** <u>ma</u>king ↘**tea** for us. (彼女の仕事にお茶くみは含まれていない)

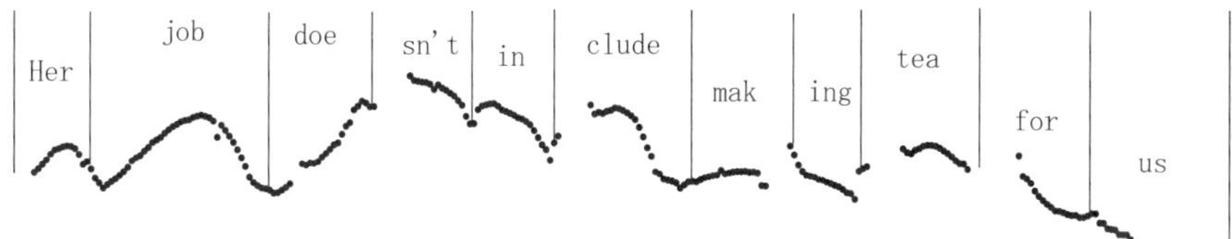

【イントネーション】for us は下降調の尾部なので声域の一番下をほぼ平坦に発音する。making が第2アクセントなのは前後の include, tea に比べると意味的に軽いため

【つながり】making の末尾の /ŋ/ は次の /t/ に同化して /n/ になっている

【単語】for は弱形なので /fɔɚ/ ではなく /fɚ/

18 **音声** We **grouped** our<u>selves</u> into ↘**fours.**（私たちは４人ずつのグループに分かれた）

【イントネーション】再帰代名詞 ourselves は再帰用法の時はあまり強く発音されず、第２アクセントとなる

【単語】代名詞 our は /aʊɚ/ よりも /ɑɚ/ と発音されるのが普通で、合成語 ourselves の中に入っても同様。ただしこの例ではさらに弱化が起こり /ɚ/ となっている

19 **音声** Her **name** was **left** <u>off</u> the ↘**list.**（彼女の名前がリストから抜けていた）

【イントネーション】句動詞 left off は引用形では第１アクセント＋第１アクセントだが、文の中に入ると目的語（ここでは the list）に第１アクセントを与える代わりに off を第２アクセントに格下げするのが普通。これは句動詞の一般的なパターンである

20 **音声** The ↘**paper flew** <u>out</u> of his ↘**hand.**（紙が彼の手から飛ばされた）

【イントネーション】句動詞 flew out は引用形では第１アクセント＋第１アクセントだが、文の中に入ると後の要素（ここでは hand）に第１アクセントを与え、代わりに out を第２アクセントに格下げするのが普通

【つながり】out of ではこの例のように out の末尾の /t/ がよくたたき音化する

5 イントネーション句の区切り方

大部分の発話では、文は２つ以上のイントネーション句に分かれます。これは必ずしも息継ぎのためだけではなく、イントネーション句は情報の単位という側面もあるため、文が伝える情報を整理するという役割もあり、そちらの方が重きをなします。

複数のイントネーション句に分割されても、平叙文では最後のイントネーション句の核音調が下降調になりますが、それ以外のイントネーション句の核音調は様々です。

5.1 文頭の副詞的要素

「文頭の副詞的要素」とは、時や場所を表す副詞・前置詞句のことです。これはたとえ一語でも原則として独立したイントネーション句をなします。

21 **音声** **In** the ↘**end**↗, ‖ she had **saved** e<u>nough</u> ↘**mo**ney ‖ to **buy** a <u>small</u> ↘**car**. (ついに彼女は小さな車を買えるほどのお金を貯めた)

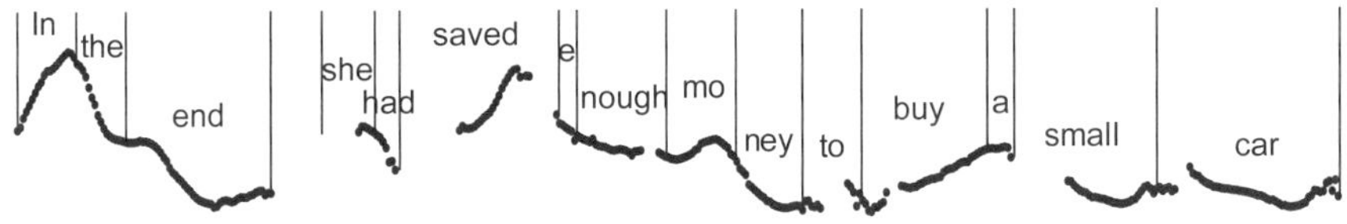

【イントネーション】In the end は導入句として独立したイントネーション句を持ち、下降上昇調

【単語】助動詞 had は弱形で、母音の後ではあるが /h/ も脱落し /əd/ となっている

22 **音声** He was ↘**shown** to a ↘**small** ↘**o**ffice. ‖ ↗**Then** ‖ a ↘**young** ↘**wo**man ↘**came** ↗in ‖ and ↘**laughed**.（小さなオフィスに案内された。続いて若い女性が入ってきて笑った）

【イントネーション】Then は接続副詞で、文頭で独立した音調群をなす。ここでは上昇調で用いられている

【単語】came in の in は副詞のためアクセントを持つ

23 **音声** All a↘**round** ↗me, ‖ from **east** to →**west**, ‖ **north** to ↘**south**↗, ‖ the **sky** is →**clear** ‖ and ↗**full** of ↘**stars**.（私の周りは東も西も北も南も、空は晴れて満天の星だった）

【イントネーション】最初の4つのイントネーション句はすべて副詞的要素。下降上昇調と平坦調を交互に2度ずつ使うことでリズムを作り出している。平坦調（west, clear）はいずれも、前の第1アクセントから1段下がったピッチになっている

24 **音声** Be**fore** our **ver**y ↘**eyes**, ‖ a **blue** ↘**bird**↗ caught a ↘**fish** in the ↘**riv**↗er ‖ and **flew** ↘**off**.（目の前で青い鳥が川の魚を捕り、飛び去った）

【イントネーション】Before our very eyes は独立したイントネーション句をなす。Before は前置詞だが意味的に重要なため第1アクセント

【つながり】Before 末尾の /ɚ/ は母音の前のため /r/ となる。our の発音は /ɑɚ/ のため、Before our で /bɪˈfɔːrɑɚ/ となっている。caught 末尾の /t/ は次が母音のためたたき音化

25 **音声** ↘**Here** in the ↘**hills**↗, ‖ the **light** ↘**failed** more ↘**quick**ly ‖ than in the ↘**cit**y ↘**cen**ter.（この丘の中は街の中心よりも早く暗くなる）

【イントネーション】Here in the hills は副詞的要素として独立したイントネーション句をなす

【単語】city の /t/ はたたき音化している。center の /nt/ もたたき音化の条件に当てはまり、ここでは /t/ が脱落し /n/ をはじくように発音している

26 **音声** **Since** the oper↘**a**↗tion, ‖ the **lit**tle girl has been **fight**ing for her ↘**life.**（手術以来、少女は生死をさまよっている）

【イントネーション】Since the operation は独立したイントネーション句。Since は機能語なのでアクセントなしが原則だが、文頭ではこのようにアクセントを持つことも多い

【単語】for が強形 /fɔɚ/ で発音されているのは fight に後続する前置詞には他の可能性もあり、情報量が小さくはないため

27 **音声** **Du**ring the **Se**cond World ↘**War**↗, ‖ the ↘**ar**ea was ↘**used** for ↘**gun** practice.（第 2 次世界大戦中、この場所は射撃訓練に使われた）

【イントネーション】During the Second World War は独立したイントネーション句。Second World War の World が第 2 アクセントになるのは、第 1 アクセントの連続を避けるため

28 **音声** In it↘**self**↗, ‖ **that's** ↘**not** a ↘**dif**ficult ↘**prob**lem to ↘**deal** with, ‖ e↘**spe**cial↗ly if you have e**nough** ↘**time.**（それ自体は対処の難しい問題ではない。時間があるならば特に）

【イントネーション】In itself は文頭の副詞的要素として独立したイントネーション句をなし、下降上昇調で発音されている

【イントネーション】especially は下降上昇調アクセントを持っている。語末の -ly から、次の第 1 アクセントを持つ enough まで続く if you have は尾部にあたり、幅は小さいものの上昇を続けている

29 **音声** **In** ↘**ge**ne↗ral, ‖ **peo**ple more or ↘**less** share their po↘**li**tical ↘**views** ‖ with their ↘**par**ents.（一般に、人は親と政治的な見方をほぼ共有している）

【イントネーション】In general は独立したイントネーション句。下降上昇調だが、上昇の幅がとても小さくなっている

30 **音声** **Once** u<u>pon</u> a ↘**time**↗ ‖ there was a **king** who was <u>sick</u> in ↘**bed**↗ ‖ and **want**ed to <u>hear</u> a **bird** →**sing**ing ‖ the **most** <u>beau</u>tiful ↘**songs**. (昔々、病気で寝たきりの王様がいた。彼は鳥がいちばん美しい歌を歌うのを聞きたいと思っていた)

【イントネーション】Once upon a time は文頭の副詞的要素として独立したイントネーション句をなし、下降上昇調。3つめのイントネーション句はややまれな平坦調

➢実質的に文頭と考えてよい例

副詞的要素が実際の文頭でなくても、従属節の中で最初であったり、and でつながれた次の文の最初にあったりすれば，文頭と同じ扱いを受けてイントネーション句が区切られます。

31 **音声** He ↘**beat** on the ↘**door** a**gain** and a↘**gain**↗ ‖ until ↘**fi**nal↗ly ‖ she **o**pened a ↘**win**↗dow ‖ and ↘**told** him to <u>go</u> a↘**way**. (ドアを何度もたたくと、遂に彼女は窓を開けて彼に立ち去るように言った)

【イントネーション】finally は until で始まる従属節の中の最初にある文修飾副詞のため、その後にイントネーション句の区切りがある

【つながり】beat on の連続では /t/ がたたき音化している。and は弱形で /d/ が脱落した /ən/。him は直前が子音のため /h/ が脱落

32 **音声** They **or**dered that for **e**very <u>tree</u> <u>cut</u> ↘**down**↗ ‖ **three** ↘**more** ↗be ↘**plant**ed. (木を1本切るごとに3本植えよと命令した)

【イントネーション】that 節の中では for every tree cut down が「文頭」にあたるため、その後にイントネーション句の切れ目がある

33 **音声** He **seems** ↘**cold** to ↘**oth**↗ers, ‖ but **deep** ↘**down**↗ ‖ he is ↘**nice** and <u>warm</u>-↘**heart**ed. (他人に冷たく見えるが内心は温かい)

【イントネーション】deep down は but の後の文の最初の副詞的要素として、その後にイントネーション句の区切りを持つ

【単語】and は弱形 /ən/。hearted の /t/ はたたき音化

5.2 従属節が前半にある場合

文の前半に従属節がある場合は、ほぼ常に独立したイントネーション句になると考えて差しつかえありません。

34 **音声** The **high**er we ↘**climbed**↗ ‖ the **cold**er it be↘**came.**（高く登れば登るほど寒くなった）

【イントネーション】1つめのイントネーション句は実質的に従属節として機能しているため、従属節が前半に現れる場合に規則的な下降上昇調になっている

35 **音声** If you con↘**ti**nue al<u>ong</u> <u>this</u> ↘**street,** ‖ you'll ↘**come** to the ↘**sta**tion.（この道をこのまま続けて歩けば、駅に着きますよ）

【イントネーション】前半のイントネーション句の along this は continue で始まる下降調の一部なので、低いところを平坦〜やや下がり目のピッチで推移する。

【単語】最初の you は弱化が甚だしく、/j/ の後で /ə/ に移行する時間さえないため /jɪ/ のようになっている

36 **音声** When **Kane** <u>fin</u>ished ↘**col**lege, ‖ he **went** into ↘**bus**iness ‖ with his ↘**bro**ther.（ケインは大学を出ると、兄と事業を始めた）

【イントネーション】when は従属接続詞のためアクセントは受けない。しかしここではイントネーション句の最初であることもあり、強形 /wen/ が使われている

【つながり】went into で2度現れる /nt/ はどちらもたたき音化の条件に合っている。このナレーターはこれを /nd/ に変化させている

【単語】人名 Kane /ˈkeɪn/

37 **音声** If you **want** more infor↘**ma**↗tion ‖ **please** feel ↘**free** ‖ to ↘**ask** us.（もっと情報が必要なら遠慮なく聞いてください）

【イントネーション】if 節は主節よりも前に現れる場合には独立したイントネーション句を持ち、下降上昇調が用いられるのが普通

※第 1 章でイントネーションの説明のために使った例の再掲です。

38 **音声** **Though** it **may** ap↘**pear** ↘**strange**↗, ‖ the **sto**ry he ↘**told** you ↗was ↘**true.**（おかしいと思うかも知れないが、彼の言った話は本当だ）

【イントネーション】Though で導かれる従属節は、主節の前では下降上昇調が普通

【単語】「可能性」を表す may はこの例のようにアクセントを受ける。これに対し「許可」を表す may はアクセントを受けないとされる

【つながり】told の末尾の /d/ は次の /j/ と融合して /dʒ/ となっている

39 **音声** As a ↘**rule**↗, ‖ the ↘**hot**ter it is in ↘**sum**↗mer, ‖ the more ↘**beau**tiful the **fall** ↘**co**lors are.（普通は夏が暑ければ暑いほど紅葉はきれいになる）

【イントネーション】As a rule は文頭の副詞的要素のため、そして the hotter it is in summer は事実上の従属節であるため、それぞれ独立したイントネーション句になっている

【イントネーション】2 つめのイントネーション句の is および 3 つめのイントネーション句の are が第 2 アクセントを持つのは、それぞれの補語にあたる the hotter、the more beautiful が前に移動した形のため

40 **音声** If ↘**no**thing else, ‖ I can ↘**fi**gure out ex**act**ly what to ↘**do** ‖ to↘**mor**row night. (少なくとも、私は明晩何をすべきか分かる)

【イントネーション】If 節が文の前半に来る場合、通常は独立したイントネーション句をなす

【イントネーション】tomorrow night は独立したイントネーション句で音調核を担っている。時を表す副詞的要素は文末では強いアクセントを受けづらく、核音調の尾部になるのが普通 (→ §8.1) だが、ここでは文の情報の焦点の 1 つになっているため

【単語】can は弱形 /kən/ で発音されるのが原則

5.3 and で複数の文がつなげられている場合

複数の文であれば、それぞれが別のイントネーション句になるのは自然なことです。主語が 1 つで動詞から後が複数のものも含まれます。

41 **音声** I **won't** send you the ↘**mo**ney, ‖ and **that's** ↘**fi**nal! (君に金は送らない、絶対に)

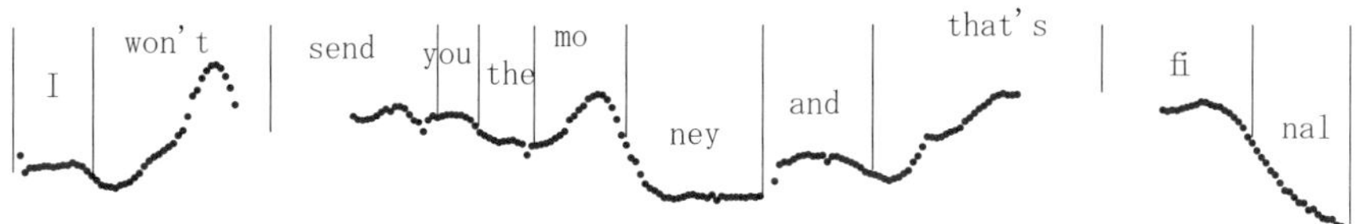

【イントネーション】2 つの文がそれぞれ独立したイントネーション句をなす。2 つめのイントネーション句は、that's の持続時間が長く final のピッチの下げ幅も大きいことで、断定の口調を強めている

【つながり】send の語末の /d/ と you の最初の /j/ が融合し /dʒ/ となっている

42 **音声** **Hope** for the ↘**best** ‖ and pre**pare** for the ↘**worst**.（最善を望み最悪に備えよ）

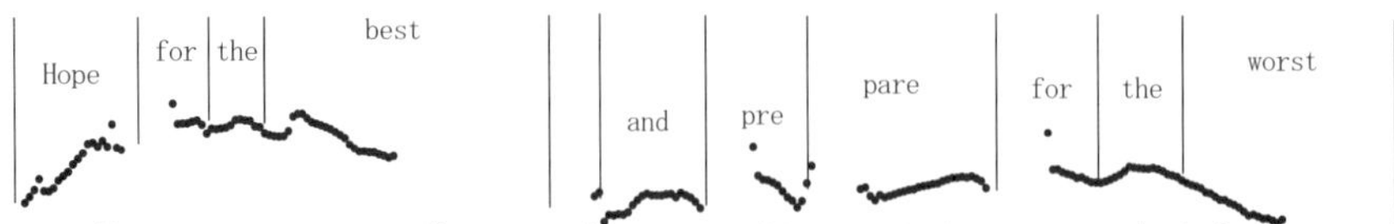

【イントネーション】2つの句がそれぞれイントネーション句をなす。1つめの文の核音調は下降調だが、下がりきっていない。この音調を「半下降調」と呼ぶことがある。働きは下降上昇調に似て、やや含みを感じさせる

【単語】and は強形の /ænd/ で、前半と後半のつながりを強調している。for は弱形の /fɚ/

43 **音声** He **had** a **bad** ↘**cold**↗ ‖ and **lost** his ↘**voice**.（ひどい風邪をひいて声が出なくなった）

【イントネーション】2つの文は主語（He）を共有しているが、それぞれ別個のイントネーション句をなしている

【単語】his は子音の後のため /h/ が脱落して /ɪz/ となっている

44 **音声** She **quick**ly <u>looked</u> through the ↘**book**↗ ‖ and ↗**hand**ed it ↘**back** to me.（彼女は本に素早く目を通し、私に返した）

【イントネーション】2つの文は主語（She）を共有しているがそれぞれイントネーション句をなしている

【単語】2つめのイントネーション句冒頭の and が強形 /ænd/ で発音されている。時系列を示す接続副詞的な意味を含むため

【つながり】handed /ˈhændɪd/ の最後の /d/ は母音の前のためたたき音化

45 **音声** The ↘**sun ri**ses in the →**east** ‖ and **sets** in the ↘**west**.（太陽は東から昇り西に沈む）

【イントネーション】2つの文がそれぞれ独立したイントネーション句をなすが、1つめの文の核音調は rises から east に一段階下がることによる平坦調で、直後に切れ目はあるが、2つのイントネーション句のつながりを強く示す

46 **音声** The ↘**ra**cing car **round**ed the ↘**cor**ner ‖ and **crossed** the ↘**fi**nish line ‖ ↗**ve**ry ↘**fast**.（レーシングカーはコーナーを曲がり高速でゴールに入った）

【イントネーション】２つの文がそれぞれ独立したイントネーション句をなす。and が強形 /ænd/ で発音されているのは、時系列を表す接続副詞的な意味を含むため

【単語】racing car, finish line はいずれも第１アクセント＋第２アクセントのパターンを持つ合成語

5.4 文末の従属節や前置詞句

従属節は文の後半にある場合も、独立したイントネーション句になりやすいです。文末の前置詞句も、意味に焦点があれば独立したイントネーション句になります。

47 **音声** I mis↘**took** ↗you ‖ to **mean** that you wanted to ↘**mar**ry her.（君が彼女と結婚したいと思っているものと誤解していた）

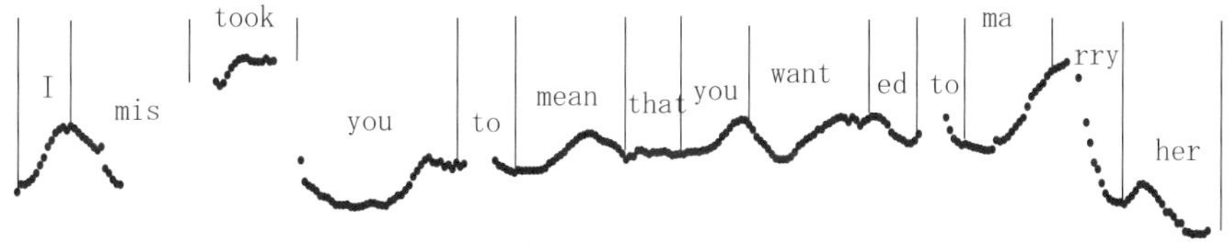

【イントネーション】前半の下降上昇調は took で下降、you で上昇

【つながり】wanted の /nt/ はたたき音化する環境にあり、ここでは /t/ が脱落している

【単語】that は弱形 /ðət/ だが /t/ が脱落している。代わりに声門閉鎖を入れようとして、実際には閉鎖にまで至っていない

48 **音声** ↘**A**my ↘**shout**ed at ↗me ‖ to ↘**run** a↘**way**. (エイミーは私に逃げてと叫んだ)

【イントネーション】to run away は独立したイントネーション句をなしている。shouted at me の下降上昇調は shout で下降、at は低く me で上昇する

【イントネーション】run away が、away の音調核のみならず run にも下降調を持つのは、run に平坦調を置いた通常のパターンよりもこの句を強調するため

【つながり】shouted は /t/ と末尾の /d/ がたたき音化

【単語】人名 Amy /ˈeɪmi/

49 **音声** **I** could **tell** from her ex↘**pres**↗sion ‖ that ↘**some**thing was ↘**wrong** ↗with her ↘**chil**dren. (彼女の表情から子供たちに何かあったと分かった)

【イントネーション】that 節による目的語が長い文のため、目的語の前でイントネーション句が分かれている

50 **音声** I was **thrown** from my ↘**seat** ‖ when the **bus** ↘**stopped** suddenly. (バスが急停車したとき、私は座席から投げ出された)

【イントネーション】when で始まる従属節が長いため独立したイントネーション句となっている

【単語】when は従属接続詞のためアクセントはなく弱形 /wən/ になっている

【イントネーション】文の内容からは suddenly に音調核が来てもおかしくないが、ここでは「停まった」という部分を重視して stopped に音調核が置かれ、suddenly は尾部となっている

51 **音声** ↘**All** the glasses broke into ↘**pieces** ‖ when they **hit** the ↘**floor.** (グラスは全部床に落ちて粉々になった)

【イントネーション】when で始まる従属節は独立したイントネーション句

【単語】when は従属接続詞のためアクセントはなく発音は弱形。ただしこの例では、アメリカ発音としては珍しく最初の /h/ が生き残った /hwən/ になっている

52 **音声** **I'm** sorry for ↘**a**nyone ‖ who **finds** themselves in this po↘**si**tion. (この立場に立つ人が気の毒です)

【イントネーション】themselves は再帰用法のため、アクセントは第 1 ではなく第 2

【単語】who は関係代名詞のため弱形となり、直前が子音のため /h/ も脱落して /u/ となる

53 **音声** ↘**I** thought I was on **safe** ↘**ground** ‖ dis**cuss**ing ↘**rock** music with her. (彼女とはロック音楽の話をすれば無難だと思った)

【単語】rock music は第 1＋第 2 のアクセント型を持つので、2 つめのイントネーション句は、これで規則的な音調核の位置

【イントネーション】music with her の 4 音節が下降調の尾部として声域の下を平坦に推移する発音がやや難しい

【つながり】thought の末尾の /t/ は母音の前のためたたき音化

54 **音声** **Please** help your↘**self** ‖ to wha**tev**er you ↘**like.** (好きなものを何でもお取りください)

【イントネーション】to から後の部分は独立したイントネーション句

【単語】whatever の /t/ は合成語の切れ目で母音間のため、たたき音化

55 **音声** She **made** a **clear** ↘**case** ‖ for **do**ing it a↘**lone.** (それを一人でやりたいとはっきり主張した)

【イントネーション】for 以下は独立したイントネーション句

【つながり】it の末尾の /t/ は母音の前なのでたたき音化

56 **音声** The **tests** were **car**ried ↘**out** ‖ in a con**trolled** en↘**vi**ronment.
（試験は統制された環境で行われた）

【イントネーション】in 以下は独立したイントネーション句

【つながり】in の /n/ を次の a とつなげるよう注意すること

57 **音声** **Deb**bie **rocked** the ↗**ba**by to ↘**sleep** ‖ in her ↘**arms.**（デビーは赤ちゃんを抱っこして寝かしつけた）

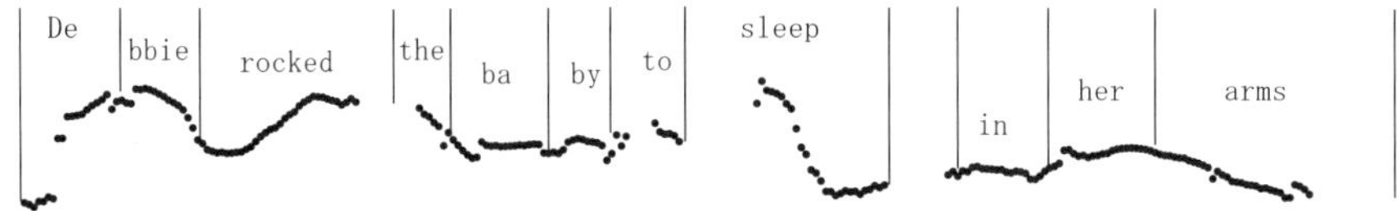

【イントネーション】baby は上昇調アクセントを持つ。尾部にあたる -by to はその尾部で、上昇を続ける。音調核は sleep にあり、下降調

【単語】baby, Debbie のように母音間に /b/ がある場合、しっかり両唇を閉じて破裂させるように注意する。人名 Debbie /ˈdebi/

58 **音声** The **teach**ers <u>led</u> **all** their ↘**stu**dents ‖ to a**no**ther ↘**build**ing.（教員は生徒全員を連れて別の建物に行った）

【イントネーション】led は第 2 アクセント。第 1 アクセントの連続を避けている

【単語】students の発音は /ˈstuːdənts/。/t/ の後では /juː/ は分布せず /j/ が脱落する。/d/ の次は鼻腔解放で直接 /n/ に移ってもいいが、ここでは母音が入っている

59 **音声** The **pri**ces are <u>sub</u>ject to ↘**change** ‖ without ↘**no**tice.（価格は予告無しに変更されることがあります）

【イントネーション】2 つめのイントネーション句 without notice は重要度がやや低いため 1 つめよりもピッチ変動の幅が小さくなっている

60 **音声** **Mike** is the ↘**lead**er ‖ by **four** ↘**points**. (マイクは 4 点差でトップだ)

【イントネーション】トップであることと点差が両方とも重要であるため by 以下を独立したイントネーション句としている

【単語】leader の /d/ はたたき音化。人名 Mike /ˈmaɪk/

61 **音声** We ap**proached** the ↘**man**ager ‖ a↘**bout** a ↘**raise**. (昇給について支配人と交渉を始めた)

【イントネーション】すべての内容語に加え意味的に重要な about にも第 1 アクセントを置いている

【つながり】about の語末の /t/ は次に母音が続いているためたたき音化

62 **音声** I'm **go**ing to drop by her ↘**house** ‖ on my **way** ↘**home**. (帰宅途中に彼女の家に立ち寄る予定だ)

【イントネーション】立ち寄るのが「帰りに」ということを強調するためにイントネーション句を分けている

【つながり】going の末尾の /ŋ/ は次の /t/ に同化して /n/ になっている。同様に on の末尾の /n/ は次の /m/ に同化して /m/ になっている

63 **音声** ↘**He** has learned **ve**ry ↘**lit**tle ‖ in his ac↘**ti**vities ‖ with the **in**ternational com↘**mu**nity. (国際的なコミュニティーでの活動からほとんど学んでいない)

【イントネーション】international は、引用形では ˌinterˈnational のアクセント型 (第 2・第 1) を持つが、次の community が音調核のため、この語は第 1 アクセントと第 2 アクセントが入れ替わっている

64 **音声** They're ↘**build**ing a **lot** of new ↘**hous**es ‖ by the ↘**riv**er. (川沿いに多くの家を建てている)

【つながり】lot の末尾の /t/ は母音の前のためたたき音化している。語頭の /l/ とは日本語のラ行子音に似ているという共通点があるが、/l/ は舌先を歯茎ではじくことがないため異なる

【単語】house /ˈhaʊs/ の複数形 houses の発音は /s/ が有声の /z/ に変わり /ˈhaʊzəz/ となるのが一般的だが、この例のように /s/ を保ったまま /ˈhaʊsəz/ となる発音も存在する

65 **音声** I ↘**sent** him a ↘**let**↗ter ‖ to the ef**fect** that I could **not** ↘**help** him. (助けることはできないという趣旨の手紙を送った)

【単語】effect の /kt/ では、/k/ は破裂せずに次の /t/ に移るため事実上聞こえない。/t/ も次の単語の /ð/ と一体化している。

【つながり】could の末尾の /d/ は鼻腔解放で次の /n/ につながっている

【イントネーション】letter で一旦イントネーション句を区切っている。2つめのイントネーション句は単語の配列が悪く、良いリズムに乗せるのが難しいことが分かる読み方である

5.5 文末や文中の挿入句など

文末や文中の呼びかけ、直接話法の伝達部、挿入句なども独立したイントネーション句をなします。

66 **音声** I'd ↘**like** some ↘**ice** in my water, ‖ ↗**please**. (水に氷を入れてください)

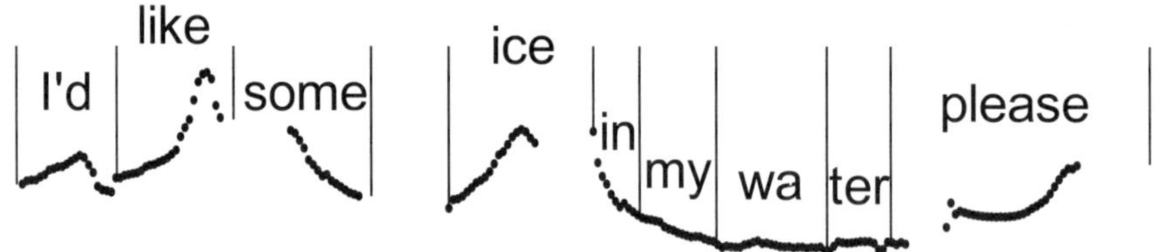

【イントネーション】文末の please は独立したイントネーション句で低い上昇調となる

【イントネーション】1つめのイントネーション句の中で in my water は状況から明らかなので、音調核がそれよりも前の ice に来ている

【つながり】I'd の /d/ から like の /l/ への移行は舌先が上の歯茎に付いた

ままの側面解放になっている

67 **音声** **Fill** in your name and ad↘**dress** on this ↘**form**, ‖ ↗**please**.（この用紙の氏名と住所の欄に記入してください）

【イントネーション】文末の please は独立したイントネーション句で低い上昇調となる

68 **音声** **Please** step ↘**this** way, ‖ ↗**la**dies.（こちらへおいでください）

【イントネーション】文末の呼びかけは独立したイントネーション句で低い上昇調となる

【イントネーション】this way という句の中では this の方が重要度が高いため this に第 1 アクセント、way に第 2 アクセントとなる

69 **音声** "**Who** broke the ↘**win**dow?", ‖ de↗**mand**ed the ↘**teach**er.（「誰が窓を壊したのですか」と先生は尋ねた）

【イントネーション】直接話法の伝達節が後に来る場合、独立したイントネーション句をなす

【イントネーション】1 つめのイントネーション句は wh 疑問文として基本的な下降調

70 **音声** ↘**Ma**ny ↗animals have **good** ↘**hear**ing. ‖ ↘**Dogs**, ‖ for ex↗**am**ple, ‖ can hear **much** ↘**bet**ter than ↘**we** can.（多くの動物は聴力がいい。たとえば犬は私たちよりもずっと耳がきく）

【イントネーション】for example のような挿入句は独立したイントネーション句になる

【イントネーション】Many で始まる下降上昇調は、上昇が animals have までずっと続き、そのまま good の高い平坦調アクセントにつながる

【イントネーション】we が音調核を持つのは Dogs との対比のため。最後の can が強形で第 2 アクセントになっているのは、その後の動詞 hear が省略されているため

71 **音声** **This** was ↘**not** an easy de↘**ci**sion ‖ It ↘**is**, ‖ how↗**e**ver ‖ a de**ci**sion **we** feel is **ne**cessary to support **good** edu↘**ca**tion. (簡単な決定ではありませんでした。しかしながら、よい教育を維持するには必要な決定だったと感じています)

【イントネーション】2つめの文の however は、文中で現れる場合はこのように独立したイントネーション句になるのが普通

【イントネーション】2つめの文で is が音調核を持つのは、その後に本来続くはずの補語が however の挿入により後回しになっているため (→ §8.5)

72 **音声** **You** were ↘**right**, ‖ **no** ↘**doubt**↗, ‖ but ↘**I** wanted to do it ↘**my** way. (君が正しかったのは間違いないが、僕は自分なりにやりたかったのだ)

【イントネーション】no doubt は独立したイントネーション句で挿入され、下降上昇調。ただし上昇部分は非常に小さい

【イントネーション】You と I, my が対比されているため、それぞれ第1アクセントを持つ

73 **音声** **Would** you ↗**help** me ‖ ↗**of**ficer? (助けてください)

—**What's** ↘**wrong**, ‖ ↗**sir**? (どうしましたか)

【イントネーション】文末の呼びかけは独立したイントネーション句となり、上昇系の核音調を持つ。officer は前が上昇調の help me で高く終わっているため、高いピッチで始まり、さらに上昇している。 sir の方は低く始まる上昇調

【つながり】would you の連続は /d/ と /j/ が融合して /dʒ/ となる

【つながり】help の語末の /p/ から次の /m/ への移行は唇が開かず鼻腔解放

74 **音声** ↘**Hel**lo, ‖ ↗**kids**, ‖ **how** are ↘**you**?

—↘**Fine**, thank you. ‖ And ↗**you**?

—I'm **fine**, ↘**too**, ‖ ↘**thank** you.

【イントネーション】文末の呼びかけ kids は独立したイントネーション句で低い上昇調

【イントネーション】文末に付加する thank you も独立したイントネーション句となることが多いが、2行目の女声では独立せず Fine で始まる下降調の尾部となっている。3行目の男声では独立しているが、低いピッチで始まり、下降の幅も狭い

5.6 主語が長い場合

絶対的な基準はありませんが、長めの主語、特に前置詞句や関係節による後置修飾を伴うものは、独立したイントネーション句をなす傾向にあります。

75 **音声** **In**formation tech↘**nolo**↗gy and com↘**pu**ter science ‖ have com**plete**ly changed the **way** people ↘**work**. (情報技術とコンピューター科学は人々の働き方を完全に変えた)

【イントネーション】主語は長めのため独立したイントネーション句

【単語】Information の引用形の発音は /ˌɪnfɚˈmeɪʃən/ だが、ここでは technology と合わせて交替リズムをつくるために第2アクセントと第1アクセントが入れ替わり ˈinforˌmation となっている

76 **音声** A **good** re↘**la**tionship between **doc**tor and ↘**pa**tient ‖ is **ve**ry im↘**por**tant. (医師と患者の間のよい関係がとても重要だ)

【イントネーション】good relationship と doctor and patient がそれぞれ平坦調＋下降調というパラレルなパターンを作り、この部分に統一感をもたらしている

【つながり】doctor の末尾の /ɚ/ に and の /ə/ がつながり /r/ が聞こえる

77 **音声** **Chil**dren be↗**low** the age of six↘**teen** ‖ are **not** al↘**lowed** to see this ↘**film**. (16 歳未満の子供はこの映画を見てはならない)

【単語】below /bəˈloʊ/ は、この例では /b/ の次の /ə/ がその次の /l/ に吸収されて /ɫ/ になり、結果的に /bɫˈloʊ/ と発音されている (blow /ˈbloʊ/ に近い)。また、前置詞ではあるが、ここでは明らかに意味上重要なため第 1 アクセントを持つ

【イントネーション】age は第 2 アクセントで、次の six- とともに、前の below から始まる上昇調の一部となっている

> age の規範的な発音は /ˈeɪdʒ/ とされる。破擦音 /dʒ/ と摩擦音 /ʒ/ の区別は発音訓練の対象としてある程度重視されるが、ナレーターはこの単語を /ˈeɪʒ/ と発音している。

78 **音声** The **ma**jor part of the ↘**town**↗ ‖ was **cov**ered with ↘**wa**ter ‖ **thou**sands of ↘**years** ago. (この街の主要部分は何千年も前には水没していた)

【イントネーション】thousands of years ago は時を表す副詞的要素で、この種の語句は文末では音調核を持たないことが多い (→ §8.1) が、ここでは情報の焦点の 1 つになっているため独立したイントネーション句を与えられている

【単語】ago は期間を表す直前の語句が第 1 アクセントとなり ago 自体は第 2 アクセントを持つ

➢短い主語が独立したイントネーション句になる例

短い主語であっても、それを主題として特に前面に出すような場合には独立したイントネーション句をなします。

79 **音声** Her **quick** ↘**ac**↗tion ‖ ↘**saved** the child's ↘**life**. (素早い行動により子どもの命は救われた)

【イントネーション】1つのイントネーション句にしてしまうことも可能だが、ここでは Her quick action を強調するために、そこでイントネーション句を区切っている

80 **音声** The **high** ↘**waves** ‖ **washed** away **part** of the ↘**road**. (高波で道路の一部が押し流された)

【イントネーション】washed away のような句動詞は引用形では第1アクセント＋第1アクセントだが、この例のように次に目的語 (人称代名詞以外) を伴う場合は、目的語が第1アクセントを持ち、副詞 away は第2アクセントに格下げになる

【つながり】part of の /t/ はたたき音化

81 **音声** The **old** ↘**man**↗ ‖ ↘**tripped** ↗over his own ↘**feet**. (老人は足がもつれて転倒した)

【イントネーション】1つのイントネーション句にしてしまうことも可能だが、ここでは主語でイントネーション句を区切っている。区切ることで、主語にも文の焦点を置くことができる

【イントネーション】over his own は tripped で始まる下降上昇調の尾部のため上昇を続ける

82 **音声** The **strong** ↘**feel**↗ing ‖ **on**ly lasted a ↘**mo**ment. (強い感情は一瞬しか続かなかった)

【イントネーション】2つめのイントネーション句の lasted が第2アクセントに格下げされているのは、第1アクセントが3つ連続するのを避けたためだと考えられる

83 音声 **These** cats and ↘**dogs** ‖ were **born** on our ↘**farm**.（この猫と犬は私たちの農場生まれです）

【イントネーション】cat が第 2 アクセントになっているのは第 1 アクセントが 3 つ続くのを避けるため

【単語】our の発音は /ɑɚ/。前の on の /n/ ときちんとつなげること

84 音声 **This** ma↘**chine** ‖ ↘**helps** them ↘**e**xercise their **arms** and ↘**legs**.（この機械で腕と脚の運動ができる）

【イントネーション】第 1 アクセントのうち、This machine と arms and legs が平坦調＋下降調になっているのは、それぞれが一まとまりになっていることを示すため

5.7 リスト

リストは、列挙されているそれぞれの項目が独立したイントネーション句をなします。完結したリストの場合、最後の項目が下項調、最後以外の項目は上昇調・下降上昇調・平坦調のいずれかとなります。

85 音声 ↘**Learn**ing ↘**Eng**↗lish ‖ means ↘**learn**ing the **four** ↘**skills** ‖ ↗**lis**tening ‖ ↗**speak**ing ‖ ↗**read**ing ‖ and ↘**wri**ting.（英語を学ぶことは 4 つの技能を学ぶことです。それはリスニング、スピーキング、リーディングとライティングです）

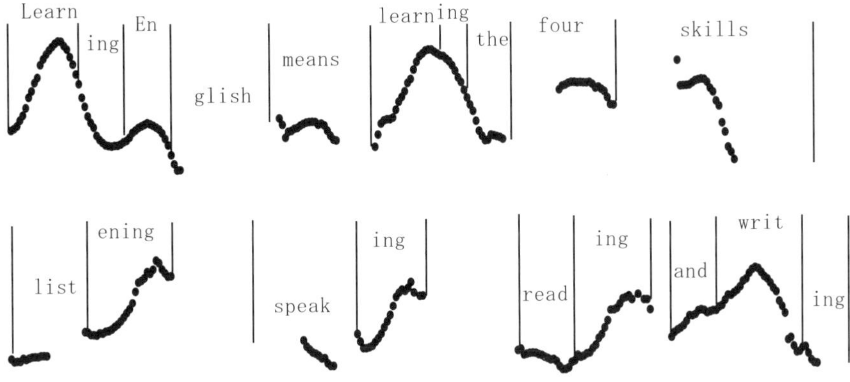

【イントネーション】後半の4技能は、リストの発音として規則的な、最後のみ下降調、その前は上昇調となっている。

【単語】and は列挙の最後であることを表すために弱化せず、強形の /ænd/

86 **音声** The ↘**job** <u>gave</u> him ‖ →**bed**, ‖ →**board**, ‖ and **two** <u>hundred</u> <u>dollars</u> a ↘**week**. (その仕事により彼は寝る場所と食事と週200ドルを得た)

【イントネーション】bed 以下のリストでは平坦調が用いられている。平坦調が連続する場合、この場合のように後のものは前のものよりも一段ピッチが低くなる事が多い

【イントネーション】1つめのイントネーション句で gave でなく job に音調核があるのは、「仕事」と「週200ドルその他」の間の関係では「与える」というのはある程度予測できるため

87 **音声** This **book** is ↘**writ**ten ‖ in a ↘**clear**↗, ‖ ↘**easy** ↘**style**. (この本は明確で読みやすい文体で書かれている)

【イントネーション】clear と easy が列挙されていることを示すため、clear に独立したイントネーション句を与え下降上昇調を用いている

【つながり】in の末尾の /n/ と次の母音とのつながりに注意

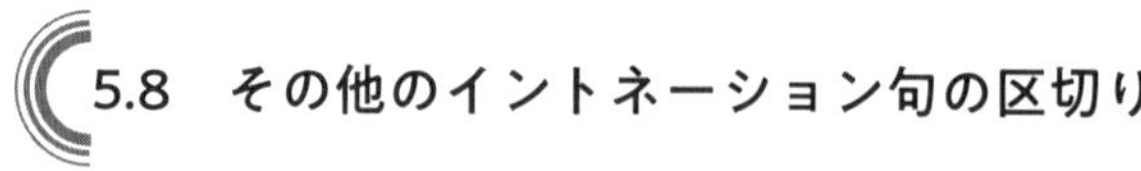

5.8 その他のイントネーション句の区切り

長い文になると、今までに扱った要因が色々組み合わさった区切り方になります。文の構造上の切れ目とずれた位置で切れることもよくあります。

88 音声 **Mark** bought up different ↘**busi**nesses ‖ that were in ↘**bad** ↘**shape** ‖ and **then** sold them ↘**off** ‖ **bit** by ↘**bit**. (経営状態の悪い色々な事業を買収し、少しずつ売却した)
【イントネーション】ほぼ文法上の節・句の構造に合わせて４つのイントネーション句に分かれている
【単語】人名 Mark /ˈmɑɚk/

89 音声 **Steve** tried to make ↘**up** ‖ for the **ten**-thousand-dollar ↘**da**mage ‖ be↘**cause** of the ↘**bus**iness he had ↘**lost**. (失敗したビジネスで失った１万ドルの損害を埋め合わせようとした)
【イントネーション】文法構造に従い、for からの前置詞句と because からの従属節がそれぞれ独立したイントネーション句となっている
【イントネーション】最後のイントネーション句では強いアクセントをすべて第１アクセントかつ下降調になっており、他の部分よりも強調されている
【単語】人名 Steve /ˈstiːv/

90 音声 The **ear**ly paintings of that ↘**art**↗ist ‖ are in **ra**ther poor con↘**di**tion ‖ because **they** have been ↘**stored** ‖ in a ↘**room** with broken ↘**win**dows. (その芸術家の初期の絵画は保存状態が悪い。窓が破損した部屋で保管されていたからだ)
【イントネーション】長い文のため、４つのイントネーション句に分かれている。
【イントネーション】３つめのイントネーション句で機能語の they に第１アクセントがあるのは、弱アクセントばかり連続するのもリズムが良くないため

91 **音声** She **keeps** in <u>touch</u> with her ↘**par**ents ‖ in the ↘**coun**↗try by ↘**phone.** (田舎の両親と電話で連絡を取っている)

【イントネーション】文法上・意味上のまとまりとしてはparentsの後よりもcountryの後の方が切れ目は大きいが、この例ではparentsの後でイントネーション句が区切られている。話しことばでは、文法的な考慮よりも、全体を均等な長さのイントネーション句に分割しようとする傾向の方が強い

【イントネーション】countryアクセントは下降上昇調で、-tryから次のbyまでが上昇部分をなしている

92 **音声** He **said** <u>good</u>-**bye** and ↘**add**ed ‖ that ↘**he** had en↘**joyed** him<u>self</u> ‖ ↗**very** ↘**much.** (さようならを言い、とても楽しかったとつけ加えた)

【イントネーション】内容的にはgood-byeの後でイントネーション句を区切る方が合理的だが、つけ加えた内容がsaid good-byeよりもかなり長いため、イントネーション句の長さのバランスを取るためにaddedの後で区切られている

【イントネーション】その結果としてイントネーション句の最初に位置することになったthatは、弱形でなく強形の /ðæt/ になっている

【つながり】said末尾の /d/ は次の /g/ に同化して /g/ になっている。good末尾の /d/ も次の /b/ に同化して /b/ になっている。/t, d, n/ は次の破裂音や鼻音に調音位置が同化しやすい

93 **音声** I **thought** the **most** <u>in</u>teresting ↘**de**tails in the ↘**book**↗ ‖ **weren't** in the <u>main</u> ↘**bo**↗dy ‖ but in the ↘**notes** ‖ at the ↘**end.** (いちばん面白い内容は本文でなく、巻末の注にあると思った)

【イントネーション】文法構造上はthoughtの後にも切れ目があるが、そこは区切られていない

【つながり】thoughtとatの末尾の /t/ は次のtheの最初の /ð/ と一体化している。but末尾の /t/ は母音の前のためたたき音化

94 **音声** **News** <u>may</u> be ↘**true** ‖ but it's **not** ↘**truth** ‖ and ↘**wri**ters and of↘**fi**↗cials ‖ do **not** <u>see</u> ↘**truth**↗ ‖ the **same** ↘**way**.（ニュースは本当かも知れないが真実ではない。記者と役人は真実を同じように見ていない）

【イントネーション】前半２つ、後半３つの、計５つのイントネーション句に分かれている。最初の２つはともかく、後半は３つでなく１つにまとめることも可能だが、このように細かく区切った方が重い内容を伝えているという印象を与える

95 **音声** →**Now**, ‖ **lis**ten <u>ve</u>ry ↘**care**ful↗ly ‖ to what ↘**Bruce** <u>says</u>, ‖ or you **won't** <u>know</u> <u>what</u> to ↘**do** ‖ with the ↘**bag**.（これからブルースが言うことをよく聞くこと。でないと袋をどうしたらいいのか分からなくなりますよ）

【イントネーション】長い文であり、なおかつ、よく聞かせようという意図があるため、多くのイントネーション句に分かれている。イントネーション句の数が、情報量を比喩的に表している

【単語】人名 Bruce /ˈbruːs/

【単語】理論的には what は疑問詞の場合に強形 /wʌt/、関係代名詞の場合に弱形 /wət/ で区別が可能。この例では Bruce の前のものは短いため弱形、know の次のものは長めのため強形のように聞こえるが、母音の音質がほとんど同じであるため明確に区別されているとは言えない

96 **音声** I ↗**think** ‖ there↗**fore** ‖ I ↘**am**. ※デカルトの言葉「我思う故に我あり」(元はフランス語) の英訳

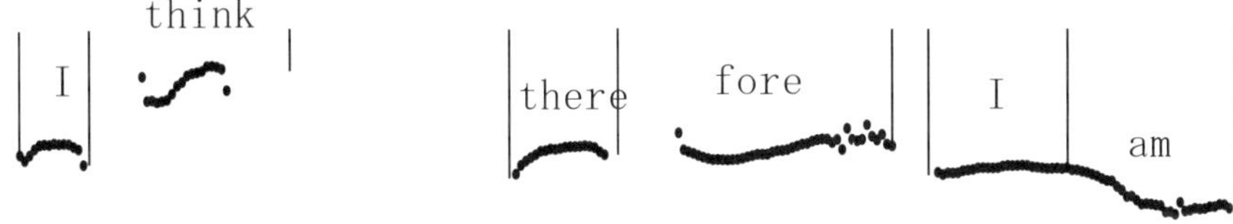

【イントネーション】5語と短いが固い文なので、イントネーション句は3つに分かれている。イントネーション句は情報の単位としての働きもあるため、細かく区切ることで重い内容を伝えているという印象を与える
【イントネーション】therefore が独立したイントネーション句で上昇調なのは、文頭の副詞として普通のパターン
【イントネーション】am など be 動詞は文末では強く発音される

6 疑問文のイントネーション

疑問文のイントネーションについては、ひととおりのことを知っている人がほとんどだと思いますが、ここで復習しておきましょう。特に、上昇調の発音の仕方が正しくない人が多いと思いますので、よく聞いて確認してください。

6.1 Yes-no 疑問文と上昇調

➢音調核が末尾にある場合

Yes-no 疑問文には上昇調を使います。最初に、音調核がいちばん最後に来るパターンを見ておきましょう。これは日本語の句末上昇音調と似ているため、困難はないはずです。

97 **音声** Would you **mind** showing me the **way** to the ↗**sta**tion? (駅までの道を教えて下さいませんか)

【イントネーション】yes-no 疑問文の形の依頼のため上昇調。音調核の sta- から上昇を始める

【イントネーション】showing は第 1 アクセントの連続を避けるため第 2 アクセントに格下げ

【つながり】would の語末の /d/ は次の /j/ と融合して /dʒ/

98 **音声** Do you <u>un</u>der**stand** the ↗**dif**ficulty of my ↗**job**? (私の仕事の難しさを分かっていますか)

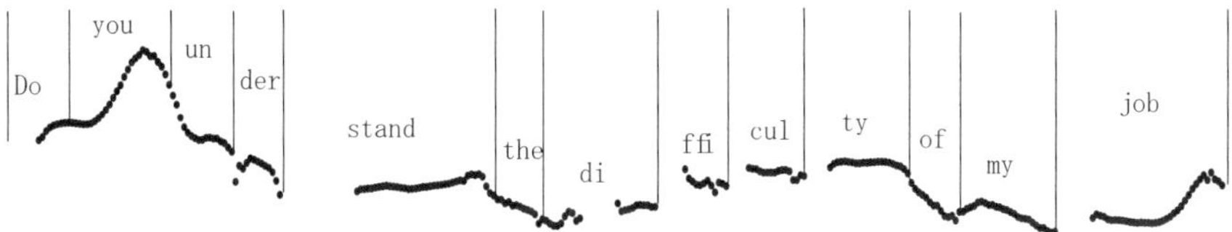

【イントネーション】Yes-no 疑問文として規則的な上昇調

【イントネーション】音調核の job はその音節で上昇。その前の difficulty のアクセントも上昇調で、第1アクセントの dif- から -fi-, -cul-, -ty と徐々に高くなっていく。これは日本語話者にはやや難しいパターン

99 **音声** Could **you** <u>please</u> **speak** <u>more</u> ↗**slow**ly? (もう少しゆっくり話してくださいませんか)

【イントネーション】you にアクセントが置かれている理由は不明。ただし、そのことにより第1アクセントと第2アクセントの交替リズムが作られている

【つながり】Could you の /d/＋/j/ は融合し、全体として /kʊˈdʒuː/ となっている

100 **音声** Can you **make** <u>a</u>ny ↗**sense** out of **what** he is ↗**say**ing? (彼が何を言っているか意味が分かりますか)

【イントネーション】文末の saying にある核音調だけでなく、sense のアクセントも上昇調になっている

【つながり】can の末尾の /n/ を次の you の最初の /j/ ときちんとつなげること

【単語】理論的には、この what にアクセントがあるのは疑問詞として使われていることによると言える。しかし関係詞であっても out から is まで弱アクセントが5音節続くのを避けたという可能性もある

➢音調核が早めに出てくる場合

次は、様々な理由により音調核がもっと早い段階で出てくるパターンです。最後の内容語以外に音調核が来る理由については、後のセクションで扱います。

英語の上昇調は、音調核からイントネーション句の最後までずっと上昇を続けるという点が日本語と大きく異なります。慣れないとかなり難しいと思いますが、正しく発音しないと、間違った場所を質問の焦点にしてしまうことになる（上昇を始めた場所が音調核＝焦点になります）ので、きちんとなぞって発音するようにして下さい。

101 **音声** Shall we **have** ↗**din**ner to<u>geth</u>er to<u>mor</u>row?（明日一緒にディナーを食べませんか）

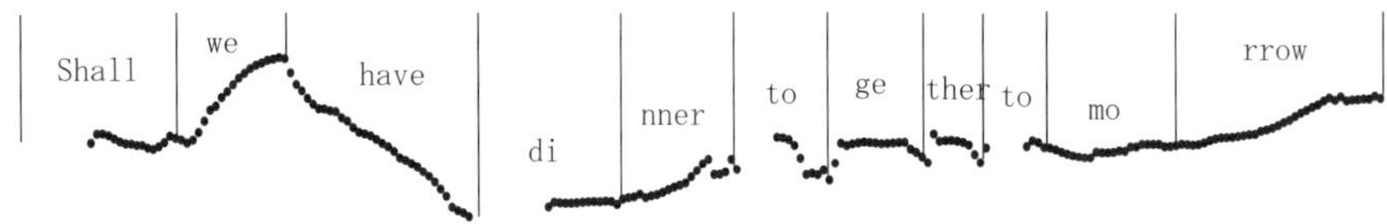

【イントネーション】tomorrow は時を表す副詞的要素なので文末では音調核を担わない（→ §8.1）。その前の together が音調核を担わないのは、shall we がすでに「一緒に」という意味を含んでおり意味的にあまり重要とは言えないため。その結果、さらにその前の内容語 dinner が音調核を担う。上昇調のためそこから文末まで 8 音節にわたって上昇を続けることに注意

102 **音声** Do you **e**ver <u>get</u> ↗**tel**ephone <u>calls</u> from him?（彼から電話が来ることはありますか）

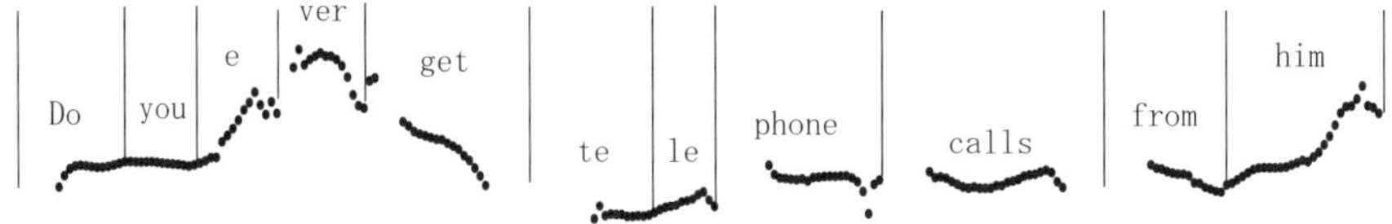

【イントネーション】Yes-no 疑問文として規則的な上昇調

【イントネーション】telephone call は第 1＋第 2 のアクセント型を持つ。そのため音調核を持つ telephone の最初の音節から文末まで 6 音節にわたり上昇を続けることに注意

【イントネーション】get は意味が軽い動詞のため第 2 アクセント

➢複数のイントネーション句にわたる場合

次は、長めの文でイントネーション句が分かれているものです。この場合、それぞれのイントネーション句が上昇調となります。

103 **音声** Is **this** the **room** where the ↗**king** stayed ‖ **for**ty ↗**years** ago?（これが、王様が40年前に滞在した部屋ですか）

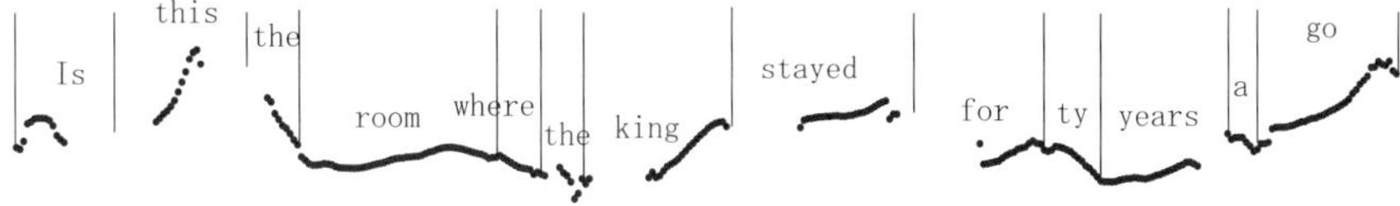

【イントネーション】2つのイントネーション句に分かれているが、全体が疑問文のためそれぞれが上昇調となる

【単語】ago はそれ自身第2アクセントを持ち、その前の期間を表す語句が第1アクセントを持つ

【イントネーション】そのため、years が音調核となる。上昇調なので、years から ago の最後まで上昇を続ける

【単語】where は関係副詞のためアクセントを持たない。ほとんどの辞書では弱形を持つ単語として記載されていないが、ここでは /wɚ/ と発音されており、明らかに弱形

104 **音声** Do **you** ↗**think** ‖ they can **ac**tually **win** the ↗**game**?（彼らが本当に試合に勝てると思いますか）

【イントネーション】2つのイントネーション句に分かれているが、それぞれが上昇調となっている

105 **音声** ↗**Is** there ↗**no**body here ‖ who can **an**swer my ↗**ques**tion? ‖ ↘**I** can't be↘**lieve** that!（誰も質問に答えられないの。信じられない）

【イントネーション】1つめの文は2つのイントネーション句に分かれているが、それぞれが上昇調となっている

【イントネーション】1つめのイントネーション句で、here は句末では特に強調しない限り強いアクセントを持たないため、nobody で始まる上昇調の尾部となる

106 **音声** Will your **fa**ther <u>use</u> his ↗**in**fluence with the ↗**pre**sident ‖ to **get** you a ↗**job**?（あなたの父親は社長への影響力を使ってあなたに仕事を回そうとしているのですか）

【イントネーション】2つのイントネーション句に分かれ、それぞれが上昇調となっている

【単語】his は弱形で、子音に後続しているため冒頭の /h/ が脱落して /ɪz/

【つながり】get の末尾の /t/ と you の最初の /j/ は融合同化を起こして /tʃ/ となっている

➢その他のパターンによる Yes-no 疑問文

107 **音声** If ↘**win**ter <u>comes</u> ‖ can **spring** be <u>far</u> be↗**hind**? ※Percy Bysshe Shelley /ˈpɚːsi ˈbɪʃ ˈʃeli/ 作の詩 "Ode to the West Wind"（1820年）より「冬来たりなば春遠からじ」

【イントネーション】これまでのパターンと違い、前半の if 節は下降調になっている。これは、前半部分は疑問文に含まれないためである

【イントネーション】1つめのイントネーション句で comes ではなくその前の winter が音調核を担っているのは、後半の spring と対比するため

108 **音声** Can **these** com↗**pu**ters be pro↗**grammed** to ↗**talk** in the **same** ↗**way** as ↗**hu**mans?（このコンピューターはプログラムを組んで人間のようにしゃべらせることができるのですか）

【イントネーション】長い文だが1つのイントネーション句になっている。イントネーション句を分けない代わりに、文末の音調核のみならず、その他のアクセントも多くが上昇調になっている

【つながり】in the の連続では the の語頭子音 /ð/ が直前の /n/ に同化して、ほぼ /n/ のような発音になっている

109 音声 →**Can't** →**you** →**keep** →**qui**et for a ↗**mi**nute ‖ and **let** me have my ↗**say**? (ちょっと黙って私にも言わせてくれないか)

【イントネーション】2つのイントネーション句に分かれ、それぞれの核音調が上昇調

【イントネーション】Can't you keep quiet はすべて平坦調でそれぞれのピッチは1つ前のものよりも1段階ずつ下がる。これにより語気が強まっている

【つながり】and は弱形 /n/ で、直前の minute の /t/ から鼻腔解放で続き、次の let の /l/ に側面解放でつながるまで舌先は上の歯茎につけたまま。結果的に minute and let は /ˈmɪnətnˈlet/ となっている。イントネーション句が分かれても音のつながりは保たれている

➢Yes-no 疑問文を含むダイアログ

110 音声 **Can** you **give** me a ride to ↗**town**?

—↘**Sure** ‖ **I'd** be ↘**hap**py to.

(町まで乗せていってくれますか—もちろん、喜んで)

【単語】sure は /ˈʃʊɚ/ ではなく /ˈʃɚː/ と発音されている

【つながり】最後の to は直前の語と一体化した前接語 (enclitic) となっているため、/t/ は語頭ではあるが実質的に語中の母音間となりたたき音化が起きている。to ないし to で始まる単語 (today, tomorrow など) によく見られる現象

111 音声 Does he **have** any chance of ↗**win**ning?

—I'm a↘**fraid** ↘**not**.

(彼が勝つ可能性はあるのですか—残念ながらないでしょう)

【単語】he の冒頭の /h/ が子音の後のため脱落。any は弱形で /əni/

【イントネーション】afraid にも下降調を置くことで、望ましくないという気持ちが強調される

【つながり】afraid と not のつながりは /dn/ で鼻腔解放

112 **音声** Are you **go**ing out for a ↗**drink** tonight?

—↘**Yeah.** ‖ ↗**Aren't** you?

(今晩飲みに行くの？—ああ。行かないの？)

【イントネーション】文末の時を表す副詞的要素 tonight は音調核を担わず drink で始まる上昇調の尾部となっている

【つながり】for の弱形 /fɚ/ は次の a とつながり for a 全体で 1 音節の /frə/ となる

【つながり】Aren't の末尾の /t/ は次の /j/ と融合して /tʃ/

113 **音声** **Will** it ↗**rain** tomorrow?

—Per↘**haps**↗.

(明日は雨だろうか—恐らくね)

【イントネーション】tomorrow ではなくその前の rain が音調核を持つため、そこから最後まで上昇を続ける

【イントネーション】Perhaps は意図としては含みを持たせる下降上昇調だが、語末の /ps/ が無声子音のため上昇が切り詰められ、半分だけ下がった「半下降調」のように聞こえる

114 **音声** **Have** you **e**ver con**si**dered ↗**mar**rying her?

—**Not** for a **sin**gle ↘**mo**ment.

(彼女との結婚を考えたことはありますか—ただの一瞬たりともありません)

【イントネーション】marrying からの上昇調なので、そこから文末まで上昇を続ける

【単語】considered の語中の /d/ はたたき音化している。marrying の発音は /ˈmeriŋ/ で、最初の母音は /æ/ ではなく /e/

115 音声 **Is** it o**kay** if I ↗**sit** <u>here</u>? (ここに座ってもいいですか)

—↘**May**be ↘**not** ‖ since I **saw** <u>some</u>one ↘**sit**ting <u>here</u> ‖ a **few** ↘**mo**ments <u>ago</u>. (多分駄目です。ちょっと前に誰かが座っていましたから)

【イントネーション】文末の here は特に強調する意図がない限り音調核を持たない。質問の方では sit から始まる上昇調の尾部となり、返事では sitting で始まる下降調の尾部

【イントネーション】a few moments ago のような時を表す副詞的要素は文末では弱く発音されるのが普通だが、この場合はここに意味上の力点が少しあるため、独立したイントネーション句になっている

6.2 Wh 疑問文と下降調

Wh 疑問文の基本的なイントネーションは下降調です。詰問的にならないように上昇調を使う場合もありますが、あくまでも原則は下降調です。日本語話者によく見られる発音として、文頭の疑問詞に音調核を置いてしまうというものがありますが、平叙文などと同じく、**音調核が置かれるのは原則として最後の内容語です**。

116 音声 **Why** don't you ↘**join** us for a ↘**drink**? (一緒に飲まない?)

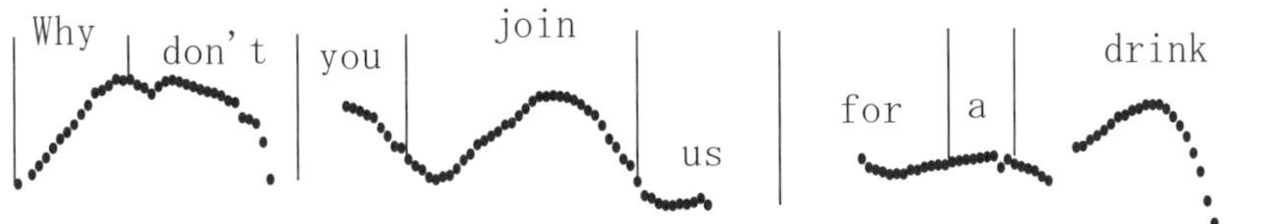

【イントネーション】Wh 疑問文の形をしているため下降調。ただし文の働きとしては勧誘

【つながり】don't you は /t/ + /j/ が融合して /ˈdoʊntʃu/ となっている

【つながり】join の末尾の /n/ を次の us の母音につなげるように気をつけること。for /fɚ/ も次の a につなげて /fərə/ のようになっている

117 **音声** **How** are you going to ↘**spend** such a **large** amount of ↘**mo**ney? (そんな大金をどのように使おうとしているの)

【イントネーション】第1アクセントと第2アクセントが交互に現れる交替リズム

【つながり】going の末尾の /ŋ/ は次の /t/ に同化して /n/ になっている。spend の末尾の /d/ は破裂がないためにほとんど聞こえない。amount of の /nt/ から /t/ が脱落

118 **音声** At **what** sort of ↘**price** are you thinking of **sell**ing your ↘**house**? (どんな値段で家を売ることを考えているのですか)

【イントネーション】最後の house の音調核を除くと、アクセントは最初から第1・第2・第1・第2・第1という典型的な交替リズム

【つながり】sort of の /t/ がたたき音化

119 **音声** **What** is the widest ↘**ri**↗ver in the U↗**ni**ted ↘**States**? (アメリカでいちばん幅が広い川は何ですか)

【つながり】what is の /t/、widest の /d/ はたたき音化。widest の語末の /t/ は脱落

120 **音声** **What** kind of ↘**sports** are you interested in? (どんなスポーツに興味があるのですか)

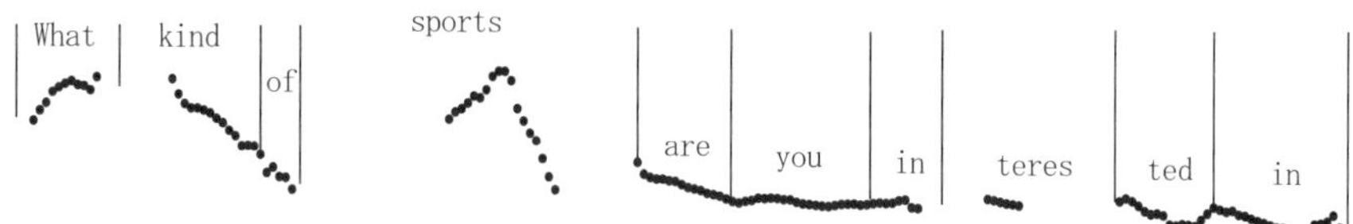

【イントネーション】音調核は最後の内容語である interested に来てもいいはずだが、ここでは「何のスポーツ」に重い焦点を置いているために sports に音調核が来ている。その結果、尾部がかなり長くなっており、低いまま平坦に発音するところがやや難しい

【イントネーション】最後の前置詞 in は機能語だが、目的語の what kind of sports が文頭に移動した形なので第2アクセントを持つ

121 **音声** ↘**Who** on ↘**earth** ‖ **came** ↘**up** with ↘**such** a **bad** i↘**de**a?（こんなひどいアイディアを出したのは一体誰ですか）

【イントネーション】アクセントの多くが下降調を持ち、反復リズムにより語気が強まっている

【イントネーション】on earth で一度イントネーション句が区切られるのはそこまでの部分（who on earth）を強調するため

122 **音声** **What** possible ↘**rea**son can you have ‖ for **being told** to remain inside the ↘**ship**?（船内にとどまるように言われた理由として何が考えられますか）

【イントネーション】have は内容語だが、意味内容が軽いため、それよりも前の reason に音調核が来ており、尾部がかなり長い

【つながり】being は本来 2 音節の /ˈbiːɪŋ/ だが、母音が融合して 1 音節になり、さらに /ŋ/ が次の /t/ に同化して /ˈbɪn/（been と同じ発音）になっている

123 **音声** ↘**What** would the ↘**va**lue of this ↘**book** be ‖ on the **sec**ond-hand ↘**mar**ket?（この本は中古市場ならいくらでしょうか）

【イントネーション】2 つのイントネーション句に分かれる。結果として句末になった be は補語である what が文頭に移動したため第 2 アクセントを持つ

【単語】second-hand は単独では両方の要素が第 1 アクセントだが、second-hand market という句では market が第 1 アクセントを持つのに伴い、-hand は第 2 アクセントに格下げ

➢Wh 疑問文を含むダイアログ

124 **音声** **What** date ↘**is** it to<u>day</u>? (今日は何日ですか)

—↘**Fe**bruary ↘**twen**tieth. (2 月 20 日です)

【イントネーション】is it の疑問文ではこの例のように is に音調核が来ることが多い。today は文末では通常音調核を持たない

【単語】twentieth の語中の /nt/ はたたき音化を起こす条件に当てはまるため /t/ が脱落している

125 **音声** I **guess** he **pro**bably <u>has</u>n't **read** the ↘**let**ter.

—**Why** do you <u>think</u> ↘**that**?

(彼は多分手紙を読んでないよ—どうしてそう思うのですか)

【単語】probably は /b/ で始まる 2 つの連続した音節のうち 1 つめが落ちて /ˈprɑːbli/ となっている

126 **音声** **Some**body <u>rang</u> at the ↘**door**.

—**Who** can it ↘**be**?

(誰かがドアで呼び鈴を鳴らしたよ—いったい誰だろう)

【イントネーション】質問の be に音調核があるのは補語にあたる who が文頭に移動しているため

【つながり】it の /t/ は次の /b/ に同化して /p/ になっている。/t/ は一般に次の子音の影響を受けやすい

【単語】Somebody の /mb/ の間に母音を入れないように注意

127 **音声** **When** did you <u>leave</u> the ↘**ar**my?

—In **two** <u>thou</u>sand and ↘**se**ven, ‖ after ↘**ser**ving for **ten** ↘**years**.

(いつ除隊しましたか—2007 年です。10 年務めました)

【イントネーション】leave と thousand は第 1 アクセントの連続を避けるため第 2 に格下げ

128 音声 **What** ↘**time** do you **u**sually get ↘**up**?

—At **six** ↘**thir**↗ty.

(普段何時に起きますか—6時半ですね)

【イントネーション】応答は少し考えながら答えているため at は機能語だが強形。また、確信を持って答えていないため、下降上昇調

【つながり】do の弱形は本来 /dʊ/ だが、母音が次の /j/ に同化して前寄りになり /dɪ/ のようになっている

6.3 選択疑問文

選択疑問文は、最後の選択肢に下降調、それより前のものは上昇系（上昇調・下降上昇調・平坦調）というパターンになります。

129 音声 Are you ↗**guys** going to ↗**trav**el by ↗**boat** ‖ or by ↘**air**? (船で行くのですか、それとも飛行機で行くのですか)

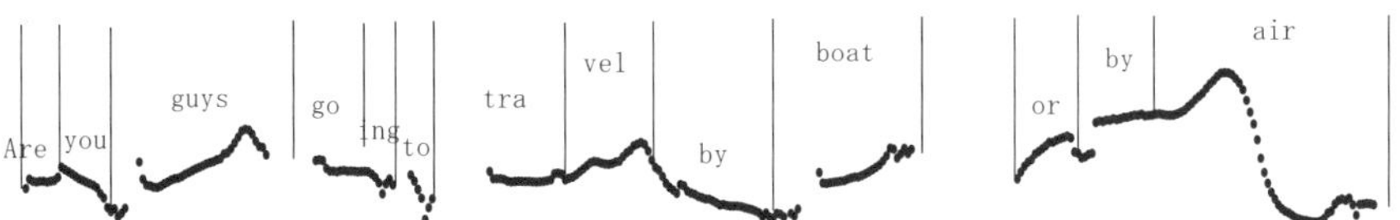

【イントネーション】1つめの選択肢 by boat に上昇調、最後の選択肢 by air は独立したイントネーション句で下降調という、選択疑問文に典型的なパターン

【単語】選択疑問であることをはっきりさせるため or は強形の /ɔɚ/

130 音声 He could **not** ↘**tell** ‖ whether the ↘**floor** was made of ↘**wood**↗ ‖ or ↘**stone**. (彼には床が木製なのか石なのか分からなかった)

【イントネーション】間接的な選択疑問を含むため1つめの選択肢 wood は下降上昇調で音調核となり、もう1つの選択肢 stone は独立したイントネーション句をなす

【単語】or は強形の /ɔɚ/ となる

131 **音声** She **had** to →**choose** ‖ be**tween** getting a ↘**job** ‖ and **go**ing on to ↘**col**lege.（彼女は仕事に就くか大学に進学するかを選ばなければならなかった）

【イントネーション】1つめのイントネーション句は平坦調。前の had よりも一段階下がったピッチになる

【イントネーション】2つの選択肢を示している形なので job を上昇調にすることも可能だが、ここでは下降調になっている

6.4 付加疑問

付加疑問は独立したイントネーション句を持ちます。意味により下降調と上昇調を使い分けます。

132 **音声** ↘**Be** a dear ‖ and **hand** me the ↘**news**paper, ‖ ↗**would** you?（いい子だから新聞を取っておくれ）

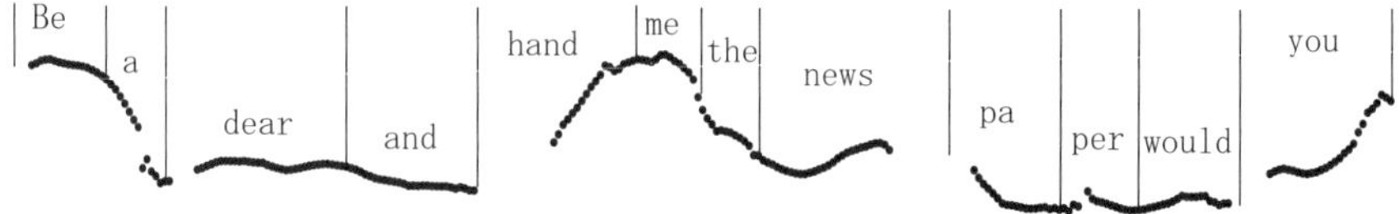

【イントネーション】この付加疑問は、依頼を控えめに響かせるために上昇調

【つながり】hand は語末の /d/ が脱落した上に、/n/ が次の /m/ に同化して /ˈhæm/ になっている

133 **音声** It's ↘**ra**ther ↘**hot** today, ‖ ↘**is**n't it?—It **cer**tainly ↘**is.**（今日はやけに暑いよねー確かにね）

【イントネーション】相手に同意を求めるため、付加疑問は下降調

【イントネーション】today は文末では音調核を担わない

【イントネーション】女声の応答の文末の is が音調核を持つのは、補語（hot）が省略されているため

134 **音声** You **won't** <u>break</u> the ↘**pro**mise, ‖ ↗**will** you?—Of **course** ↘**not**!

(約束は破らないよねーもちろんだとも)

【イントネーション】ここでの付加疑問は念押しではあるが、一種の依頼のため上昇調

7 良いリズムの作り方

7.1 リズム序説

基本的なイントネーションのパターンをひととおり見ましたので、次に音声を滑らかに使うために重要なリズムの練習に移りましょう。ここまでの用例の解説でも「リズム」という言葉を使ってきましたが、ここで集中して練習します。

英語のリズムというと、いわゆる「強勢拍リズム」、つまり強勢(本書の言い方ではアクセント)の間隔が等しくなろうとする傾向のことを思い浮かべる方がいるかも知れません。Jazz chants を使ったり、机を等間隔で叩くのに合わせて発音練習をしたことがある人もいるでしょう。しかし、本書ではこの種のリズムは扱いません。

その理由は、現実の英語音声にそのような形の等間隔は存在しないからです。確かに、アクセントのある音節は長く、ない音節は短くなることにより、アクセントのある音節の間隔は、間にあるアクセントのない音節の数ほどには長くなったり短くなったりしない傾向はありますが、だからといって、アクセントが完全に等間隔になることはありません。

加えて、そもそも人は一定の速度で話し続けるわけではありません。考えながら話すときはスピードが一定しないものですし、大事なことを話すときはゆっくり、そうでないときは速くという具合に、常にスピードを変えながら話すものです。そういう現実があるのに等しい間隔を強いることは、早口言葉の練習をするのと同等の意義しかないと私は考えます。

本書で扱うリズムの中で最も重要なのは「交替リズム」です。これは簡単に言えば、第1アクセントと第2アクセントが交互に現れようとする傾向です。等しいものを繰り返すのではなく、違うものを交互に出すようにすれば、ともすれば単調になりやすい発音が、表情豊かなものになることでしょう。

交替リズムの他にも、単調さを避けるためのしくみが英語の発音にはあります。この章では、それを順に見ていきましょう。

7.2 交替リズム

交替リズムでは弱アクセントを除外して考えます。その上で、第1アクセントと第2アクセントが交互に現れようとする傾向です。内容語のアクセントを1つおきに第2アクセントに格下げすることにより実現されます。

135 音声 The **whole** nation was **ha**ppy to hear the ↘**news**. (国全体がそのニュースを聞いて喜んだ)

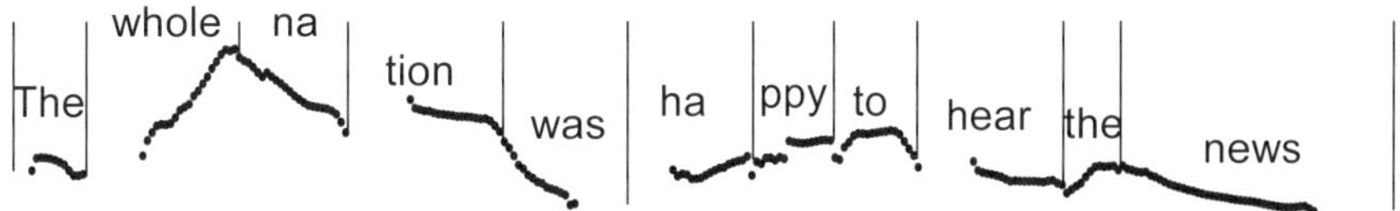

【イントネーション】第1アクセントと第2アクセントが交互に現れる典型的な交替リズム。全体は自然下降で下がりながら、第1アクセント (whole, happy) は比較的高く、第2アクセント (nation, hear) は比較的低くなっている。音調核の news は前よりも下がったところから始まる下降調

【つながり】to は前接語 (enclitic) として前の語と一体化することがよくあり、ここではその結果、語中の母音間に /t/ が位置したのと同様になり、たたき音化している

【単語】news の発音は /ˈnjuːz/ ではなく /ˈnuːz/。アメリカ発音では /t, d, n, s, z/ の後では /juː/ でなく /uː/ が用いられる

136 **音声** **John** <u>of</u>ten **fails** to <u>keep</u> his ↘**prom**ises.（ジョンは約束を守れないことがよくある）

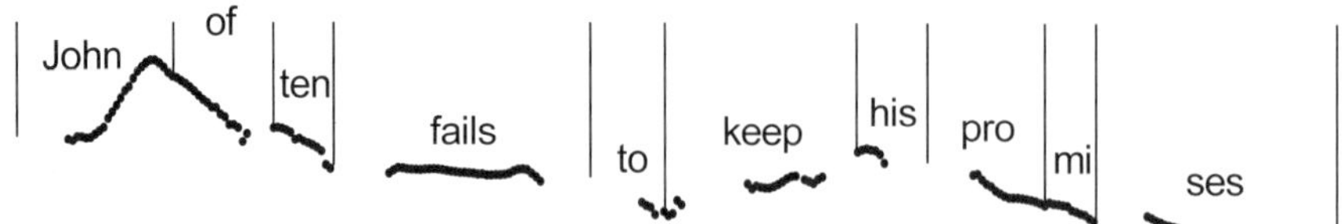

【イントネーション】fails のピッチは低めだが、often の of-、keep よりも長いため第 1 アクセントである

【単語】人名 John /ˈdʒɑːn/

137 **音声** **That** <u>ques</u>tion is **pret**ty <u>hard</u> to ↘**an**swer.（その質問は答えるのがかなり難しい）

【つながり】That の末尾の /t/ は次の /k/ に同化して /k/ になっている

138 **音声** The ↘**girl** ↗was <u>stand</u>ing **right** in the <u>mid</u>dle of the ↘**road**.（少女は道路の真ん中に立っていた）

【イントネーション】girl は下降上昇調を与えられることで平坦調の場合よりも若干強調されている

【つながり】in the の連続で、the の /ð/ は前の /n/ に同化して、全体が /ɪnnə/ のようになっている

139 **音声** I was ↘**shop**ping for a <u>new</u> ↘**watch**, ‖ but I ↘**could**n't <u>find</u> a ↘**good** one.（新しい時計を買おうと探していたが、良いものが見つからなかった）

【イントネーション】2 つのイントネーション句がそれぞれの内部で交替リズムを持つ

【イントネーション】new が第 2 アクセントなのは、交替リズムを指向する圧力と、買うものが新しいのは前提とできるという意味的な要因の両方による

140 **音声** **Doc**tors gave him a **clean** bill of ↘**health** ‖ ↘**af**ter a series of ↘**tests.** (医師は一連の検査のあと彼に健康証明書を出した)

【イントネーション】両イントネーション句が共に内部で交替リズムを持つ

【つながり】after の後の a は直前の /ɚ/ の影響を受けて同じ /ɚ/ になっている。結果的に after a は /ˈæftɚː/ のようになっている

141 **音声** ↘**Fred** is already ↘**back,** ‖ but ↘**Bill** has not re↘**turned** yet. (フレッドはもう戻ったがビルはまだ帰っていない)

【イントネーション】2 つのイントネーション句がそれぞれの内部で交替リズムを持つ

【イントネーション】yet は文末では音調核を受けず、核音調の尾部として第 2 アクセントを持つ

【単語】人名 Fred /ˈfred/, Bill /ˈbɪɫ/

142 **音声** The **cap**tain gave an ↘**or**der ‖ that his **men** stay be↘**hind.** (キャプテンは部下に下がっているように命令した)

【イントネーション】2 つのイントネーション句が、それぞれの内部で交替リズムを持つ

【単語】order の /d/ はたたき音化している

【単語】従属接続詞の that は弱形 /ðət/

143 **音声** **Slow** workers on ↘**piece** ↗rates ‖ **on**ly end up **get**ting paid ↘**less.** (仕事が遅い人は歩合制で働くと給料が安くなるだけです)

【イントネーション】only の焦点となる less が音調核を担う。ただしこの例では、通常の「イントネーション句の最後の内容語」と一致している

【イントネーション】getting は助動詞的な働きを持つため本来なら paid よりも弱いアクセントになるはずだが、ここでは交替リズムが優先されて getting が第 1 アクセント、paid が第 2 アクセントになっている

【イントネーション】slow workers で workers が第 2 アクセントになっているのは、slow の方に意味的重点があるという理由が大きいが、結果として全体が交替リズムになるという副産物もある

7.3　部分的な交替リズム

第4章の最初で述べましたが、イントネーション句は、最初のアクセントが第1アクセント、最後のアクセントも第1アクセント（音調核）という "the hat pattern" が基本です。そのため、これに交替リズムを当てはめようとしても、強アクセントを置くことのできる音節の数が奇数なら良いのですが、偶数の場合には完全な交替リズムを作ることができません。

そのような場合、(1) 何もせずリズムの悪さを放置する、または (2) イントネーション句の区切り方を変えることで強アクセントの数を調節する、という対応方法があるわけですが、(1) を選択してイントネーション句の一部でのみ交替リズムを実現するという結果になっている場合が多いようです。ここで見るのはそのような例です。

144 音声 **Court** is held **eve**ry day at **nine** ↘**thir**ty.（公判は毎日9時30分に開かれる）

【イントネーション】最後の nine thirty のみ第1アクセントが連続しているが、そこよりも前は交替リズムになっている

【単語】thirty の語中の /t/ はたたき音化

145 音声 **Shake**speare created **ma**ny wonderful ↘**cha**racters ‖ in his ↘**plays**.（シェークスピアはその戯曲で多くの素晴らしい登場人物を作り出した）

【イントネーション】1つめのイントネーション句は交替リズムである。plays に最後の内容語として音調核を与えると交替リズムが完成しないため、in his plays を単独のイントネーション句としている

【単語】Shakespeare /ˈʃeɪkspɪɚ/

146 **音声** **These** <u>two</u> ↘**cups** are the **same** ↘**size**.（この２つのカップは同じ大きさだ）

【イントネーション】この文は same を第２アクセントにすれば完全な交替リズムが得られるはずだが、same はこの文の意味的な焦点のため、第２アクセントは望ましくない。そのため、第１アクセントのままになっている。ただし、same が焦点ではあっても、発音上は the same size がひとまとまりのため、その中の最後の内容語である size が音調核になっている

147 **音声** **These** <u>two</u> ↘**things** are ‖ **ve**ry ↘**si**milar in ↘**shape**.（この２つは形がとてもよく似ている）

【イントネーション】１つめのイントネーション句では two が第２アクセントとなり第１・第２・第１の交替リズムになっている。２つめでも同様に similar を第２アクセントとすることもあり得たが、意味的に重要なため第１アクセントのままになっている

148 **音声** **Those** e<u>vents</u> at the **start** of the <u>twen</u>tieth ↘**cen**tury ‖ **marked** a ↘**turn**ing <u>point</u> ‖ in **hu**man ↘**hi**story.（20 世紀初頭のこれらの出来事は人類史の転換点になった）

【イントネーション】最初のイントネーション句は第１アクセントと第２アクセントが交互に現れる交替リズム

【単語】turning point のアクセント型は第１＋第２

149 **音声** The **pound** <u>rose</u> by an ↘**eighth** of a ↘**cent** ‖ a↗**gainst** the <u>U</u>.S. ↘**dol**lar.（ポンドは米ドルに対して８分の１セント上昇した）

【イントネーション】２つめのイントネーション句のみ交替リズム

> eighth の規範的な発音は /ˈeɪtθ/ で、/tθ/ という破擦音を持つが、ここでは /t/ が脱落して /ˈeɪθ/ と発音されている

150 **音声** It will **take** a **long** ↘**time** to reach a de↘**ci**sion ‖ **a**bout that ↘**mat**ter.（その問題について決定に至るまでには長い時間がかかるだろう）
【イントネーション】最初のイントネーション句の long は交替リズムのために第 2 アクセントとすることも可能だが、ここでは意味的に重要であるため第 1 アクセント
【単語】冒頭の It の /t/ は脱落している。次が子音の場合にはたまに起こる現象

151 **音声** He **put** on his ↘**glass**es ‖ and be**gan** to ↘**read** the ↘**news**paper.（彼は眼鏡をかけて新聞を読み始めた）
【イントネーション】2 つめのイントネーション句も交替リズムにしたいところだが、began と read では read の方の重要度が高いため、敢えて交替リズムにせず read も強くしている

152 **音声** The **train** was ↘**ve**ry ↘**late**↗, ‖ so I **killed** a couple of ↘**hours** ‖ **look**ing around the ↘**stores** ‖ in the ↘**sta**tion.（列車が大幅に遅れていたので、駅の中の店を見て回って 2〜3 時間をつぶした）
【イントネーション】1 つめのイントネーション句の very は強調のため、第 1 アクセントを保っている。交替リズムも可能だが、あえてそうしなかった形。他のイントネーション句は交替リズムになっている

153 **音声** **Jack**ie sat ↘**down**↗ ‖ and **read** the book **straight** ↘**through** ‖ from be↗**gin**ning to ↘**end**.（ジャッキーは腰を下ろし、本を最初から最後まで一気に読んだ）
【イントネーション】sat、book は交替リズムを作るために第 2 アクセント。ただし book に関しては、read の目的語としてある程度予測可能で意味的重要性が低いためでもある。その後は交替リズムになっていない
【単語】人名 Jackie /ˈdʒæki/

154 **音声** We'll ↘**car**ry on with the ↘**meet**ing ‖ **af**ter a **ten**-minute ↘**break**.
(10 分間の休憩後に会議を続けます)
【イントネーション】carry on は引用形では第 2＋第 1 のアクセント型を持つが、後の meeting が第 1 アクセント (音調核) を持つため、第 1＋第 2 に入れ替えることで交替リズムが得られている

155 **音声** The **si**tuation **does**n't pre↘**sent** ↗us ‖ with any ↘**dif**ficulties.
(状況は私たちに何ら困難をもたらさない)
【イントネーション】situation の第 1 アクセントと第 2 アクセントが入れ替わることで、ˈsituˌation ˈdoesn't という形の交替リズムが得られている。このようなアクセントの移動は「形容詞＋名詞」のパターンの形容詞に起こることが多いが、どのような品詞の組み合わせでも起こりうる。他の部分は交替リズムになっていない

156 **音声** **New** ↘**schools** are ↘**be**ing ↘**built** ‖ **all** over the ↘**coun**try ‖ be**cause** the popu↘**la**tion ‖ is in↘**creas**ing ↘**quick**ly. (国中で新しい学校が建設されているのは人口が急増しているからだ)
【イントネーション】2 つめと 3 つめのイントネーション句はアクセントが第 1・第 2・第 1 という交替リズム
【イントネーション】1 つめのイントネーション句は強いところをすべて第 1 アクセントにすることでこの部分全体を強調している

157 **音声** **This** cannot be ↘**done** ‖ through ↘**in**dividual ↘**ef**fort a↘**lone**.
(これは個人の努力だけではできない)
【イントネーション】individual の第 1 アクセントと第 2 アクセントを入れ替えることにより、effort までは交替アクセントとなっているが、alone はそのパターンから外れている
【つながり】cannot の語末の /t/ は次の /b/ に同化して /p/ になっている。effort の語末の /t/ は次が母音だが破裂せずに移行している

7.4 下降上昇調アクセント＋下降調による交替リズム

このパターンはイントネーション句の中で下降上昇調のアクセントが現れ、その次に下降調の音調核があるというものです。交替リズムの第２アクセントが現れそうな箇所で、下降上昇調の第１アクセントが起きている訳です。

これも交替リズムの一種と考えることができます。第１アクセントと第２アクセントの交替ではないですが、違う音調の第１アクセントの交替だからです。単調さを避けるためのしくみであることは明らかです。

ただし、このパターンは１回限りで、「第１＋第２」の交替リズムのように何度も繰り返すことはできないようです。そのため多くの場合、部分的な交替リズムしか作れません。

158 **音声** I'll do **ev**erything in my ↘**pow**↗er to ↘**help** you.（あなたを助けるためにできるだけのことをします）

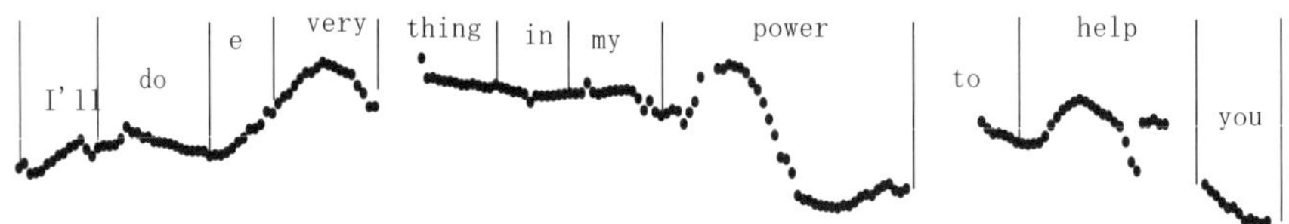

【イントネーション】power を第２アクセントとして交替リズムを作ってもいいが、この単語に比較的重い焦点を置くためにこのパターンになる

【イントネーション】do は意味内容の薄い動詞のため、ここではアクセントなしになっている

159 **音声** **Ev**eryone in my ↘**class**↗ a↘**greed** with me, ‖ so I ↘**knew** I was <u>on</u> **firm** ↘**ground**.（クラスのみんなが賛成してくれたので、自分が確固とした立場にいるのは分かっていた）

【イントネーション】class が下降上昇調アクセントを持つため、agree の最初の a- はその上昇部分に属する

【イントネーション】ここでの on は第２アクセント。そのため on firm ground で強アクセントが３つ続き、ややリズム的にアンバランス

160 音声 **Mr. Smith** is ↘**no** longer ↘**count**ed ‖ a**mong** the ↘**mem**↗bers of the ↘**club**. (スミス氏はもうクラブの会員の数には入っていない)
【イントネーション】members of the が下降上昇調アクセントを持つため、mem- で下降、-bers of the が上昇部分となっている
【単語】人名 Smith /ˈsmɪθ/ (/s/ と /m/ の間に母音を入れないこと)

161 音声 The **lost** ↘**child**↗ was ↘**crying** ↗for his ↘**mo**ther. (迷子の子供は母親を求めて泣き叫んでいた)
【イントネーション】「下降上昇調＋下降調」の変形として、その前にもう1回下降上昇調が置かれている
【単語】crying の発音は本来2音節の /ˈkraɪɪŋ/ だが、2つの母音が融合して /ˈkraɪŋ/ になっている

162 音声 She **stopped** ↘**talk**ing ‖ and **turned** her at↘**ten**tion ↗to the ↘**tel**evision. (彼女は話をやめてテレビに注目した)
【イントネーション】attention のアクセントは下降上昇調で、to the が上昇部分となっている。
【つながり】turned の末尾の /d/ は次の /h/ の影響で無声化して /t/ になっている。

163 音声 ↘**Don**ald ↘**re**ally gets under my ↘**skin**. ‖ He ↘**nev**er buys ↘**an**y↗one a ↘**drink**. (ドナルドには本当にイライラさせられる。誰にも飲み物をおごってくれないから)
【イントネーション】1つめの文は、really を強く言っているために本来は第1アクセントになるはずの動詞 get が弱められている
【イントネーション】never を用いるときには「否定」の意味を強めるために never に第1アクセント、動詞を第2アクセントにする傾向がある

164 音声 Japan ↘**trades** with nearly **ev**ery ↘**coun**↗try in the ↘**world**. (日本は世界のほとんどの国と貿易をしている)

【イントネーション】意味を考えなければ nearly every country の部分は第1アクセント＋第2＋第1の交替リズムにした方がスムーズだが、nearly と every では every の方がこの文の中で意味的に重要な単語なので、あえて第2＋第1＋第1となっている

165 音声 **This prob**lem is ↘**so**cial ‖ ↘**ra**ther ↗than po↘**lit**ical. (この問題は政治的なものというよりも社会的なものです)

【イントネーション】rather than で切れて2つのイントネーション句に分かれる

【イントネーション】This problem のような名詞句では第1アクセント＋第1アクセントというパターンが基本で、どちらかというと2つめの要素が強くなるため、この文のパターンでは problem を第2に格下げして交替アクセントを作ることは難しい。結果として1つめのイントネーション句の3つの内容語すべてが第1アクセントを持つ

7.5 反復リズム

このセクションの最初で述べたことと矛盾するようですが、同じものを反復することもリズムです。そもそも、交替リズムも「強＋弱」を反復することにより成り立っています。ここで扱う「反復リズム」は、同種のアクセント（多くは下降調）を繰り返すことで、メッセージの力を積み上げていくようなイメージのものです。

166 **音声** ↘**Your** ↘**lie** could ↘**land** you in ↘**se**rious ↘**trou**ble.（うそをつくと君は大変困ったことになりうる）

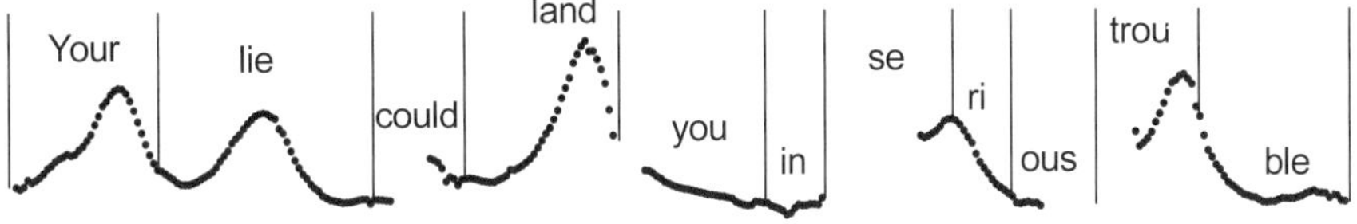

【イントネーション】すべての第1アクセントを下降調で発音することで語気が強まっている。機能語である your にアクセントが置かれているのもそのため

【つながり】could の末尾の /d/ から次の land 語頭の /l/ へは側面解放でつながっている

167 **音声** The re↘**port** ↘**came** as a com**plete** sur↘**prise** to them.（その報告は彼らにとって寝耳に水だった）

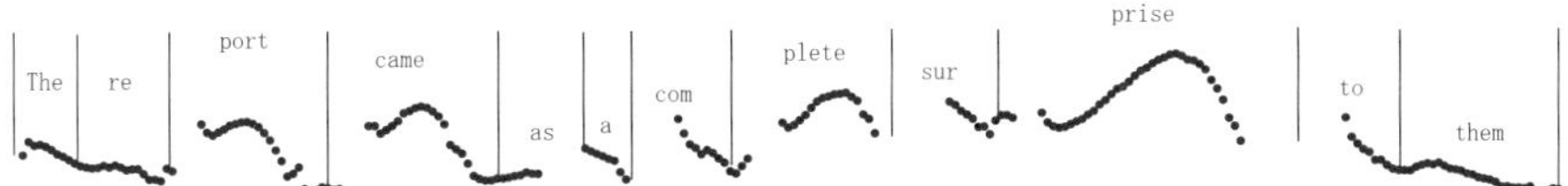

【イントネーション】3つある下降調アクセントは後のものほど始まりのピッチが高く下げ幅も大きい。これは反復リズムで surprise にクライマックスを持ってくるため

168 **音声** The ↘**flow**ers have been ↘**beat**en ↘**down** ‖ by the ↘**rain**.（花は雨でなぎ倒された）

【イントネーション】beaten は第2アクセントにしてもいいが、意味的に強めが望ましいこともあり、下降調による第1アクセントになっている

【単語】have は弱形かつ前が子音のために /h/ が脱落し /əv/

169 **音声** I'm ↘**sick** of ↘**hear**ing <u>this</u> ↘**song**.（僕はこの歌を聞き飽きた）

【イントネーション】第1アクセントをすべて下降調にすることにより、反復リズムで全体が強調される

170 **音声** ↘**I** don't like being ↘**stuck** at ↘**home** for ↘**weeks,** ‖ ↘**e**ven if it's ↘**sa**fer to ↘**do** so.（何週間も家に閉じこもるのは好きではない。たとえその方が安全なのだとしても）

【イントネーション】stuck, home, weeks は下降調アクセントの反復リズムにより強調されている

【イントネーション】don't like が両方第２アクセントなのは、次の being stuck at home for weeks の方を際立たせるためだと考えられる

【イントネーション】being が第２アクセントなのは、受動態の助動詞として、少なくとも第１アクセントは望ましくないため

171 **音声** The ↘**boy** ↘**rode** on his **fa**ther's ↘**back**.

【イントネーション】内容語はすべて第１アクセントだが、his father's back がひとまとまりの句であることから father's のみ平坦調アクセントになっている

172 **音声** Be↘**cause** of the ↘**pain** in my left ↘**leg,** ‖ I can↘**not** even **sit** ↘**still** ‖ on the ↘**floor**.（左脚の痛みのせいで私は床にじっと座っていることさえできません）

【イントネーション】ほとんどのアクセントが第１、なおかつ下降調という反復リズムをなしている。

【つながり】left の /t/ から次の /l/ へは側面解放でつながっている

173 **音声** The de↘**sign** is ↘**so** ↘**good** ‖ that it's ↘**sure** to ↘**set** the ↘**pat**tern for ↘**ma**ny ↘**oth**er ↘**pro**ducts.（とても良いデザインなので、他の多くの製品の模範となるのは確実です）

【イントネーション】すべての内容語で下降調によるアクセントを繰り返す反復リズム

【つながり】to は直前の sure と一体化した前接語になっており、実質的な語中の母音間に位置する /t/ がたたき音化

174 **音声** I ↘**did**n't ex↘**pect** him ‖ to be↘**come** such a suc↘**cess**ful ↘**wri**ter.（彼が作家としてこんなに成功するとは思わなかった）
【イントネーション】第1アクセントはすべて下降調で、そのことが反復リズムを作り出している。such のみ第2アクセントだが、大勢には影響していない

175 **音声** The ↘**play**er ↘**tried** to ↘**catch** the ↘**ball** ‖ but ↘**missed** it.（選手は捕球しようとしたが失敗した）
【つながり】to の最初の /t/ は前の /d/ の影響により /d/ になっている。ただしこの男性ナレーターは to の弱形を前後関係にかかわらず /d/ で発音する傾向もある

176 **音声** ↘**Tom** ↘**spread** the ↘**paint** ‖ ↘**all** ↘**o**ver the ↘**wall**.（トムはペンキを塀全体にむらなく塗った）
【イントネーション】アクセントのすべてが下降調で、反復リズムを持つ。ただしピッチの下げ幅は小さく、大変な内容をあえて淡々と言っている
【単語】人名 Tom /ˈtɑːm/

177 **音声** She ↘**says** ‖ her ↘**hus**band **did**n't come ↘**home** ‖ until **three** in the ↘**mor**ning!（彼女が言うには夫が午前3時まで帰ってこなかったって！）
【イントネーション】午前3時ということが全体の焦点のため、2つめのイントネーション句の下降調が最もピッチの開始点が高く下げ幅も大きくなっている
【単語】says の発音は /ˈsez/ で、原形の say /ˈseɪ/ とは母音が違う

178 **音声** The ↘**town** is ↘**fa**mous ‖ for its ↘**beau**tiful ↘**na**ture ‖ and tra↘**di**tional ↘**build**ings.（その町は美しい自然と伝統的な建物で有名です）
【つながり】for its の連続では、for の弱形の母音 /ɚ/ が、次に別の母音が続くことにより子音扱いされ、/frɪts/ のようになっている

179 **音声** You'll ↘**need** to study ↘**hard**er ‖ if you ↘**want** to ↘**pass** the ↘**test**. (試験に合格したいのならもっと熱心に勉強する必要があるでしょう)

【イントネーション】if 節の中で下降調が繰り返されていることで、この部分の意味を強めている

180 **音声** The ↘**sim**ple ↘**truth** is ‖ he ↘**does**n't know ↘**a**nything a↘**bout** the ↘**prob**lem. (実のところ、彼はその問題について何も知らない)

【イントネーション】1つめのイントネーション句最後の is は、その後にイントネーション句の切れ目があるため第2アクセントで発音されている

【つながり】doesn't の発音は本来 /ˈdʌznt/ だが、/z/ から /n/ への移行では多少の弱い母音がどうしても入る。さらに /t/ が脱落し、doesn't know は /ˈdʌzənˌnoʊ/ となっている。

181 **音声** ↘**Some** of the ↘**words** used in ‖ ↘**nine**teenth ↘**cen**tury ↘**wri**ting ‖ **may** sound ↘**strange** ‖ to ↘**mo**dern ↘**ears**. (19 世紀の書き物に見られる単語の一部は、現代人の耳には奇妙に響くかもしれない)

【イントネーション】may sound strange のイントネーション句のみ交替リズムで、下降調を繰り返す反復リズムを持つ他の3つから際立っている。このイントネーション句のみ、他よりもピッチの動く幅も大きく、この文の中心的な部分であることが示されている

【単語】この may は「可能性」を表す用法のためアクセントを受ける

182 **音声** The **sto**ry about the at↘**tack** ‖ ap**peared** on the front ↘**pa**ges ‖ of the ↗**na**tional ↘**news**papers. (攻撃についての記事は全国紙の1面に掲載された)

【イントネーション】最初の2つのイントネーション句は同じ音調パターンを持つことでリズムを作り出している。複数のアクセントの組み合わせも反復リズムの単位になり得る

183 **音声** He **gave** his ↘**blood** ‖ to **help** his ↘**friend.** （彼は友人を助けるために献血した）

【イントネーション】2つのイントネーション句が「平坦調＋下降調」という同じパターンを持ち、反復リズムをなしている。

【単語】his の最初の /h/ は子音の後のためほとんど脱落している

7.6 弱アクセントの連続を嫌った例

英語では、同じ第1アクセントの連続を避けようとするだけでなく、弱アクセントの連続も避けようとする傾向があります。そのために、本来ならアクセントを受けない機能語にアクセントを与えることがあります。

184 **音声** He ↘**treat**ed me ‖ as if **I** were his **own** ↘**son**. （彼は私を自分の息子のように扱ってくれた）

【イントネーション】I に第1アクセントが置かれているのは、これを弱くすると弱アクセントが5つも続くため、この5語の中で最も強く読まれやすいものが選ばれた

【つながり】own の末尾の /n/ と次の /s/ の間に /t/ が挿入され、own son が /ˈoʊnˈtsʌn/ になっている。これは /n/ を正しく発音したときに起こりやすい現象で、積極的に真似をしてよい

185 **音声** There has ↘**been** a **big** ↘**rise** ‖ in the **num**ber of ↘**peo**ple out of ↘**work** ‖ for the **past** couple of ↘**months**. （この2〜3ヶ月で失業中の人の数が大きく増えた）

【イントネーション】been は本来強く発音する必要はない。文頭で弱アクセントが4つ連続するのを避けるため、または述語動詞が表している意味の一部（「存在」「現在完了」など）を強調しているなどの理由が考えられる

【単語】has は弱形で、冒頭の /h/ が脱落し /əz/ となっている

186 **音声** I will ↘**lay** you **ten** ↘**dol**lars ‖ that **she** will re↘**fuse.**（10 ドル賭けても良いが、彼女は嫌だと言うよ）

【イントネーション】she にアクセントがあるのは弱アクセントばかり 4 音節も続くのを嫌ったためであると考えられる

【単語】that は、従属接続詞の場合は弱形 /ðət/ が用いられる

187 **音声** ↘**Dad** has <u>been</u> in the ↘**hos**pi↗tal ‖ for the **past** <u>three</u> ↘**months.**（父はこの 3 ヶ月間入院している）

【イントネーション】been に第 2 アクセントが与えられているのは、弱アクセントが 4 つも続くのを嫌ったため

【つながり】in the の連続で、the の /ð/ は前の /n/ に同化して、全体が /ɪnnə/ のようになっている

188 **音声** **I** have dis↘**covered** the **real** ↘**rea**son ‖ for her ↘**choice.**（彼女の選択の本当の理由を知った）

【イントネーション】I に第 1 アクセントがあるのは、「私」を強調している可能性のほか、イントネーション句の最初であること、また、次に弱アクセントが 2 つ続くため、その連続を避けようとしたことが考えられる

8 文アクセントの法則から外れるもの

文におけるアクセントの原則は「内容語は第1アクセントで、その中の最後のものに音調核を置く」「機能語はアクセントを持たない」というものですが、様々な理由により、そのパターンから外れることがよくあります。ここでは、その要因を見ていきます。

8.1 時を表す副詞的要素が文末で音調核にならない例

副詞は内容語に属しますが、時を表すもの、特に now, yesterday など「詳しく述べない」(時刻や日付を言わない) 意味を持つものは文が伝える内容の焦点になりにくく、イントネーション句の最後にある場合でも音調核を持ちません。音調核はそれよりも前の内容語に置かれ、時を表す副詞自体は尾部になります。副詞だけでなく、前置詞句・名詞句などで副詞のような働きをするものも同様です。**これは非常によく現れるパターンです**。

189 **音声** **My** ↘**me**mory is **get**ting ↘**worse** these days. (最近物覚えが悪くなってきた)

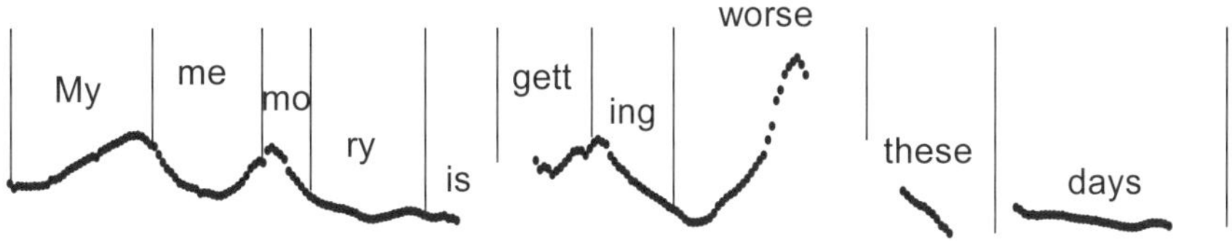

【イントネーション】these days は worse で始まる下降調の尾部として低く平坦に発音される

【単語】worse の母音が /ɚː/ であることに注意

190 **音声** I'm **wear**ing my mother's ↘**hat** today.（母の帽子を今日はかぶっています）

【イントネーション】文末の today には通常音調核は来ない

【イントネーション】mother's のアクセントが第２のため、全体が交替リズムになっている

191 **音声** **We** stood on the **top** of that low ↘**moun**tain yesterday.（あの低い山の頂上に昨日立ちました）

【イントネーション】文末の yesterday には通常音調核は来ない

【イントネーション】多少不規則ながら第１アクセントと第２アクセントが交互に現れている

192 **音声** I **wish** I could manage to ↘**fin**ish the ↘**work** to↗day. ‖ It is **too** ↘**much** for me!（この仕事を今日終えられたらいいのだが。私には多過ぎです）

【イントネーション】today は音調核ではなく、work で始まる下降上昇調の上昇部分（尾部）をなしている

【イントネーション】最後の for me は下降調の尾部のため、声域の最下部を平坦に推移する

193 **音声** Our ↘**goal** next year ↗is ‖ to in**crease** ↘**sales**↗ by **fif**teen per↘**cent**.（来年の目標は売り上げを 15% 伸ばすことです）

【イントネーション】next year は文ではなく Our goal next year という名詞句の後置修飾語だが、この場合も文に準じて、最後にあっても音調核を受けていない。ここでは goal で始まる下降上昇調の尾部に属するが、上昇するのは is のみなので next year は低く平坦

【イントネーション】fifteen は次の語が第１アクセントを持つので、交替リズムを作るために本来は -teen にある第１アクセントを fif- に移動させている

194 **音声** I **asked** ↗**Sean** if he'd seen ↘**Meg** lately, ‖ but he **shook** his ↘**head**.（ショーンに最近メグに会ったかと聞いたら彼は首を振った）

【イントネーション】lately はイントネーション句の最後の内容語だが焦点は置かれず音調核を持たない

【イントネーション】Sean から始まる上昇調はその後の if he'd seen までずっと上昇を続ける

【単語】人名 Sean /ˈʃɑːn/, Meg /ˈmeg/

195 **音声** **You** have a **bright** ↘**future** ahead of you.（君の前途には明るい未来がある）

【イントネーション】ahead of you も時を表す副詞的要素と見なせる。イントネーション句の最後だが音調核を持たない

196 **音声** ↘**Hi!** ‖ **I'm** Bill ↘**Sul**livan ‖ and I'm ↘**look**ing ↘**for**ward to ↘**stu**dying ↘**Eng**lish with you this year.（やあ、ビル・サリバンです。今年あなたと英語を学ぶのを楽しみにしています）

【イントネーション】this year は時を表す副詞的要素のため音調核になっていない。この下降調は English の Eng- で下降した後は year にまで至る 5 音節にわたって低いままで続くことに注意

【つながり】this year は this の末尾の /s/ と year の冒頭の /j/ が融合して /ðɪʃɪɚ/ となっている

【単語】人名 Sullivan /ˈsʌləvən/

197 **音声** The **bank's** ↘**closed** now, ‖ but **I** can get some ↘**mo**ney out ‖ from the AT↘**Ms** ‖ with my ↘**card**.（銀行は今閉まっているが、お金は ATM から私のカードで引き出せます）

【イントネーション】now は時を表す副詞であり、文末にはあるが音調核は来ない

【つながり】closed の末尾の /d/ は、本来は次の /n/ に鼻腔解放で移行して存在するはずだが、調音器官の動きのタイミングがずれることにより脱落してしまい、closed now は /ˈkloʊzˌnaʊ/ になっている

198 **音声** **I'll** ↘**go** there ‖ un**less** it ↘**rains**.（雨が降らない限りそちらに行きますよ）

【イントネーション】there は場所を表す副詞だが、時を表すものと同様、「詳しく述べない」ような意味の場合（他には here など）、特に強調する意図がなければ音調核を担うことはない

【イントネーション】I'll にアクセントがあるのは文頭にあるため

【単語】unless の /l/ は前の /n/ の影響で鼻音化しており、ほとんど [ʌnˈnes] のように聞こえる

199 **音声** I ex↘**plained** to ↗her ‖ that I ↘**could**n't ↘**stay** any longer.（彼女に、僕はこれ以上いられないと説明した）

【イントネーション】longer が最後の内容語だが、時を表す副詞的要素であるため焦点を置かず、音調核は stay が担っている

【つながり】to の語頭の子音 /t/ が直前の /d/ に同化して /d/ になっている

➢時を表す副詞的要素が音調核になる例

時を表す副詞的要素は単に焦点になりにくいというだけで、そこを焦点として伝えたい場合にはもちろん音調核を持ったり、単独でイントネーション句をなしたり（当然音調核も持つ）します。以下はその例です。

200 **音声** ↘**This** is ↘**ea**si↗ly the **best** ↘**mo**vie ‖ I have **seen** this ↘**year**. ‖ **No** ↘**won**der it's so popular.（これは今年見た中で断然いちばん良い映画です。これほど人気なのも不思議ではありません）

【イントネーション】this year は通常は文末で音調核を担わない。しかしこの文ではここが焦点となっているため、その中の後の要素である year に音調核が来ている

【イントネーション】no wonder は、その対象となる it's so popular が了解済みであることを前提とした表現であるため、音調核はその中の内容語 popular には来ず、その前の no wonder が担っている

201 **音声** We're ex↘**pec**ted to ↘**be** here at **eight** to↘**mor**row.（明日8時にここに来ることになっている）

【イントネーション】tomorrowは文末で通常は音調核を持たない単語だが、ここでは「明日の8時」全体に焦点を置いているため、音調核を担っている

【イントネーション】hereが弱めになっているのは、焦点が「集合」することにあり、今いる場所である「ここ」があまり強調されていないため

202 **音声** The ↘**com**pany moved to a **new** ↘**of**fice ‖ **last** ↘**year**.（その会社は新しいオフィスに去年移転した）

【イントネーション】単に移転したというだけでなく、それが去年だということもこの文の焦点に含めるために、last yearを独立したイントネーション句とし、下降調を与えている

203 **音声** The po**lice** had been watching their ↘**move**ments ‖ for ↘**weeks**.（警察は彼らの動きを何週間も見張っていた）

【イントネーション】見張っていた期間をこの文の情報の焦点とするために、for weeksは独立したイントネーション句とし、下降調を与えている

204 **音声** There will be ↘**rain** ↘**la**ter ‖ in the **cen**tral part of the ↘**coun**try.（この後、国の中央部で雨が降るでしょう）

【イントネーション】ここでのlaterはいちおう音調核を担っているが、前のrainよりも低いピッチから始まっており、rainよりも重い焦点が置かれているとまでは言えない

【イントネーション】partが第2アクセントになっているのはcentralよりも意味的重要性が低いことによる

【単語】存在文のthereは機能語で弱形 /ðɚ/ が用いられる。そのため1つめのイントネーション句の最初の3音節はとても速く発音されている

8.2 その他、最後の内容語が音調核にならない例

時を表す副詞的要素以外でも、最後の内容語が音調核から外れて尾部になる例はよくあります。要因を厳密に区分するのは難しいですが、大まかに言えば、それよりも前の語句に意味的な焦点がある場合と、最後の内容語が文脈から予測可能であるような場合があります。

205 **音声** ↘**This** is **just** the type of ↘**house** I want.（これはちょうど私が欲しいタイプの家です）

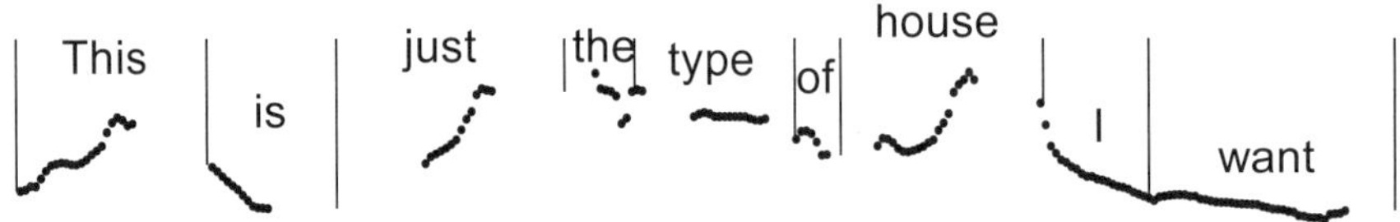

【イントネーション】最後の内容語は want だが、音調核はそれより前の house が担っている。「ぴったりのタイプの家」と言っているため、すでに自分が欲しいものという脈絡があったり、それが頭の中にあったりということが考えられ、そのために want は「予測可能」になっているという理由付けが可能

206 **音声** ↘**Jim** ↗would be the ↘**last** person to do such things.（ジムは最もそんなことをしそうにない人です）

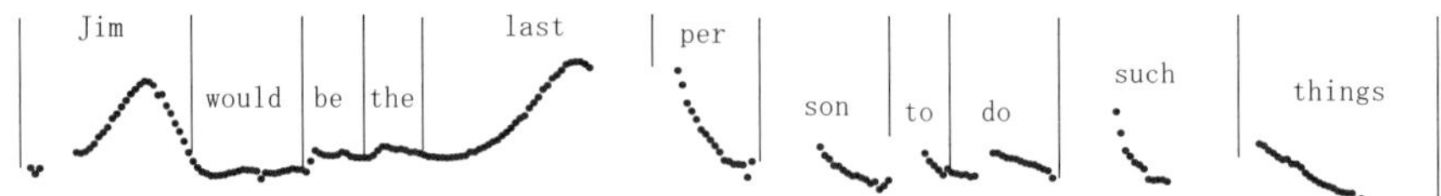

【イントネーション】この文は前後関係として do such things の内容がすでに話題に上っていたりする状況を想定できるため、これらの単語に音調核は来ない。そのため音調核は the last person の部分が担うが、この中でも、person のように意味内容が薄い名詞は、形容詞＋名詞のパターンで形容詞の方に強いアクセントが置かれやすいため、last が音調核を持つ

【単語】人名 Jim /ˈdʒɪm/

> thingsの本来の発音は /ˈθɪŋz/ だが、句末の /z/ は無声化して [s] になりやすい。さらにこの例では /ŋ/ と [s] の間にわたり音として [k] が入って thinks のようになっているが、これは真似をする必要はない。

207 **音声** **Last** ↘**sum**↗mer ‖ I **went** to ↘**Chi**na. ‖ ↘**This** ↗year ‖ I'm **go**ing to ↘**Eng**land in↘**stead**. (去年の夏は中国に行きました。今年はその代わりにイングランドに行きます)

【イントネーション】最初の Last summer は法則通り、両方に第1アクセントを置き、後にある summer が音調核を持つ。This year の方では Last との対比があるため This が焦点となり音調核となる

208 **音声** You ↘**won't** find much ↘**cul**ture ‖ in ↘**this** little town, ‖ I'm a↗**fraid**! (こんな小さな町では大して文化は見つからないと思いますよ)

【イントネーション】この this は「こんなに」という意味の副詞。そのため意味的焦点を置かれやすく、音調核となっている。結果として後の little town は尾部になっている

【イントネーション】最後の I'm afraid のような追加のコメントを表す節は、独立したイントネーション句を持つが、ピッチの変動は少ない。ここでは上昇調だが、下降調や平坦調とすることも可能

209 **音声** They **found** a big ↘**hole** in the ground. (地面に大きな穴を見つけた)

【イントネーション】最後の内容語は ground だが、それより前の hole が音調核を担っている。これは見つけた場所 (in the ground) よりも、何を見つけたか (a big hole) の方に焦点が置かれているため

210 **音声** The **two** ↘**coun**↗tries fought a ↘**war**↗ ‖ over a **small** ↘**is**land ‖ and ↘**hun**dreds of ↘**peo**ple died. (2 つの国は小さな島をめぐって戦争し、何百人もの人が死んだ)

【イントネーション】最後の died が音調核とならず people に譲っている。戦争に関する話で「何百人もの人」と言えば、ほぼ死者か負傷者の話に限られるためと考えられる

【イントネーション】fought が第 2 アクセントとなっているのは、交替リズムを作るという理由のほか、a war を目的語に取る動詞としてほぼ予測可能であるため

211 **音声** I'm ↘**sor**↗ry, ‖ but →**you'll** just →**have** to →**wait** your ↘**turn** ‖ like **ev**eryone ↘**else** in the class. (悪いけど、ちょっと順番を待って下さい。クラスのみんながしているように)

【イントネーション】最後の内容語 class が音調核を受けていない。この文は恐らくクラスの生徒が集まっている状況で発せられていると考えられ、in the class は情報として軽いため

【イントネーション】2 番目のイントネーション句の you'll, have, wait は階段状に下がる平坦調アクセントになっている

【単語】just は副詞だが弱形 /dʒəs(t)/ があり、ここではそれが用いられている。命令表現を和らげるために入っている

212 **音声** **These** ↘**plants don't** ↘**grow** well ‖ during the ↘**dry** season. (これらの植物は乾季にはよく育たない)

【イントネーション】最後の内容語 well に音調核がなく、1 つ前の grow が担っている。「育ち方」ではなく「育つかどうか」を問題にした読み方をしていると考えられる

【イントネーション】season でなく dry に音調核がある理由もはっきりしない。強いて言えば、「どの季節に植えるべきか」を問題にして、season を前提とした読み方になっている

213 **音声** I am a↘**fraid** ‖ I can↘**not** make myself under**stood** in ↘**Eng**lish easily.（残念ながら、私は英語で自分の言いたいことを簡単には伝えられません）
【イントネーション】easily はこの文で伝える内容にとってそれほど重要でないと考えられるため音調核を持たない
【単語】English の発音には /ŋ/ の後に /g/ がある発音とない発音の両方があるが、ここでは /g/ のない /ˈɪŋlɪʃ/ となっている

214 **音声** The **two** ↘**bro**↗thers have a **lot** in ↘**com**mon with each other.（その兄弟 2 人は互いに共通点が多い）
【つながり】2 人の共通点であれば互いのものであることは明らかなので、each other はこの文の意味を伝えるのに必ずしも必要ではなく、イントネーション句の最後ではあるが音調核を持たない

215 **音声** **I** paid **one** hundred ↘**dol**lars ‖ to have my ↘**car** radio serviced, ‖ but I **still** can't hear **some** local ↘**sta**tions clearly.（カーラジオの修理に 100 ドル払ったが、まだはっきり聞こえない地元の局がいくつかある）
【イントネーション】serviced が音調核を持たない理由ははっきりしない。100 ドル払ってやってもらうこととして多少は予測できることであり、あまり力点を置く必要が感じられなかったという説明があり得る
【イントネーション】clearly が最後の内容語でありながら音調核を持たず、can't hear が第 2 アクセントにとどまっているのは、still があることから、すでに「はっきり聞こえない」ということを文脈から前提とできるためだと考えられる
【イントネーション】some が第 1 アクセントを受けているのは「いくつか」という意味を強調するため

8.3 内容語が第 2 アクセントにとどまる例

前のセクションはイントネーション句の最後の内容語が音調核を持たない例で

した。このセクションでは、最後以外でも第1アクセントを担うのが原則である内容語が第2アクセントに留まる例を扱います。上で見た交替リズムを作るという要因のほか、他の語句の方に力点が置かれたり、文脈から予測可能であったり、そもそも内容語であっても意味が比較的空疎であったりという理由もあります。

216 **音声** There was **no plant** <u>life</u> on the ↘**is**land.（島には植物が生えていなかった）

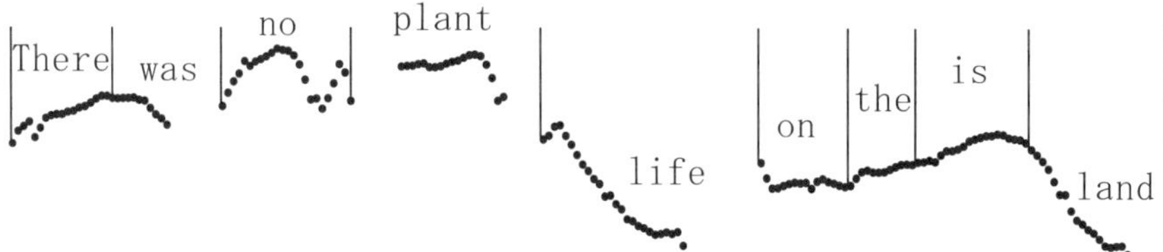

【イントネーション】life が第2アクセントになっているのは、仮にこの単語がなくても意味に影響はなく、この文の実質的な情報を伝える語ではないため

【単語】存在文の there にはアクセントが来ることはないので注意。弱形 /ðɚ/ もあるが、ここでは強形の /ðeɚ/ で発音されている

217 **音声** ↘**Ma**ny <u>girls</u> ↘**long** to be **stars** of the **stage** or ↘**screen.**（多くの少女が舞台や銀幕のスターになりたいと思っている）

【イントネーション】「少女」よりも「大勢」に焦点が置かれたために girls が第2アクセントになっている

【単語】「〜や〜」という軽い意味で選択肢を示さない or は弱形 /ɚ/ となる

218 **音声** **Ma**ny <u>sci</u>entists are **work**ing in this ↘**field.**（多くの科学者がこの分野で仕事をしている）

【イントネーション】この Many scientists では、「大勢」の方に焦点が置かれた結果として、many が第1アクセントを受け、scientists は第2アクセントにとどまっている

219 **音声** **I'd** like to ↘**see** that in **black** and ↘**white**.（それを書面で見たいと思います）

【イントネーション】この文の焦点は see 〜 black and white であり、そのため that は焦点から外れ、第 1 アクセントの代わりに第 2 アクセントになっている

【つながり】that の末尾の /t/ は次が母音のためたたき音化している

220 **音声** **This** horse seems **more** than ↘**like**ly to ↘**win**.（この馬がほぼ確実に優勝しそうだ）

【イントネーション】horse が第 1 アクセントでなく第 2 アクセントになっているのは、目の前にこの馬がいて、わざわざ言わなくても分かるからと考えられる

221 **音声** **Jane** had her ↘**hair** colored ↘**red** ‖ for ↘**sing**ing on the ↘**stage** ‖ for the **first** ↘**time**.（ジェーンはステージで初めて歌うために髪を赤く染めた）

【イントネーション】had は使役の補助動詞としてやや機能語的な働きを持っていることから第 2 アクセントにとどまっている

【イントネーション】colored は次の red から見れば予測可能な動詞である。結果は交替リズムにもなっている

【単語】人名 Jane /ˈdʒeɪn/

222 **音声** I have **two** ↘**sis**ters, ‖ and ↘**both** of them ‖ ↗**live** in the U↗**ni**ted ↘**States**.（私には 2 人姉妹がいて、2 人ともアメリカに住んでいます）

【単語】have が非常に弱く、/h/ まで脱落して /əv/ となっている。これはもちろん助動詞でなく本動詞だが、意味的に非常に軽いため、このようなこともあり得る

【つながり】United は子音 /j/ で始まるため the の発音は /ðə/ になるはずだが、ここでは /j/ に引っ張られて /ðɪ/ となっている

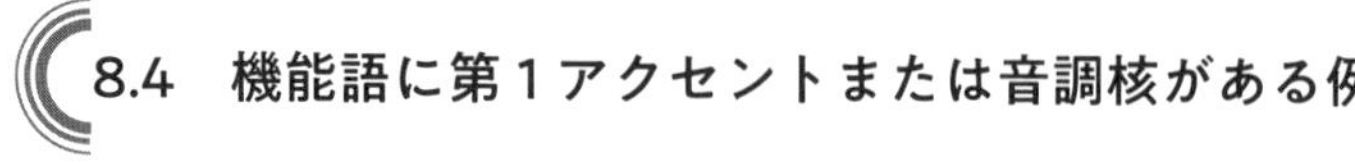

8.4 機能語に第1アクセントまたは音調核がある例

最後以外の内容語のみならず、機能語に焦点を置くことも可能で、その場合は第１アクセントや音調核を持ちます。

223 音声 **You** should check your re↘**sults** with ↘**mine**. (あなたの結果を私のと照らし合わせて下さい)

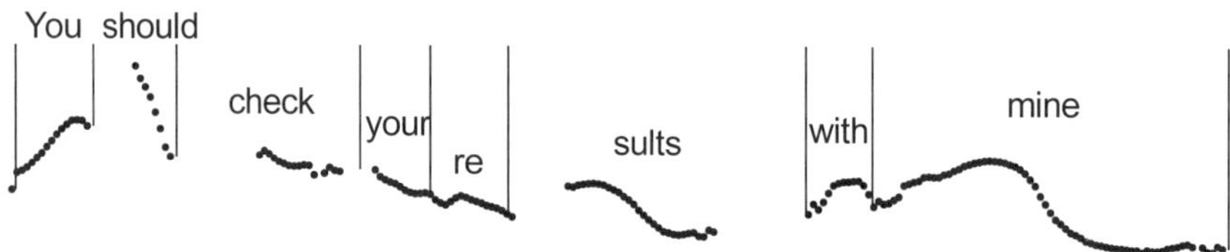

【イントネーション】最初の You は mine との対比のため意味の焦点があり、第１アクセントを持つ。なお mine は内容語であるため、これが文末で音調核を持つのは規則的

【イントネーション】check は交替リズムを作るために第２アクセントに格下げされている

【単語】your の弱形は /jɚ/ である

224 音声 **You** had **bet**ter not **waste** your ↘**en**ergy ‖ on **small** ↘**prob**lems. (小さな問題に労力を無駄遣いしないようにしなさい)

【イントネーション】you had better は事実上、話し相手に対する命令である。you を明示する命令文では you にアクセントを置くのが普通で、この例もそのパターンになっている

225 音声 You **can't** judge their ↘**works** ‖ by **our** ↘**stan**dards. (彼らの作品を私たちの基準では判断できない)

【イントネーション】our は前の their との対比のために第１アクセントを受けている

【単語】our の一般的な発音は /ɑɚ/ だが、ここでは /aʊɚ/ になっている

226 音声 They ↘**of**fered to pay ↘**half**, ‖ but **I** paid the ↘**to**tal.（彼らは半分払いますと言ってくれたが、私が全額払った）

【イントネーション】I は前半の they と対比されているためにアクセントを受けている

【単語】total は 2 番目の /t/ が /ɫ/ の直前のためたたき音化し、/ˈtoʊt̬ɫ/ となっている

227 音声 **I love** taking ↘**walks** in the ↘**fo**rest.（森の中を散歩するのが大好きです）

【イントネーション】自分がとても好きだということを強調するため、love に加えて I にも第 1 アクセントを与えている

【イントネーション】taking が第 2 アクセントになっているのは、文の意味にほとんど寄与しない単語であるため

228 音声 **Our** ↘**com**pany is ↘**based** in the United ↘**States**.（私たちの会社の本拠地はアメリカにあります）

【イントネーション】Our は通常文アクセントを受けない機能語だが、話者が文の焦点の 1 つと考えているためにアクセントが置かれている

229 音声 ↘**I** wouldn't look at ↘**any** ↘**of**fer ‖ under **one** thousand ↘**dol**lars.（私なら 1000 ドルを下回る価格を提示されても目を留めないでしょう）

【イントネーション】I がアクセントを受けているのは、「私なら」という条件を表しており、意味的に重いため

【単語】any は「どんな〜でも」という語義の場合は内容語扱いとなり、第 1 アクセントを受ける

230 **音声** **I** don't have **a**ny con↘**trol** ‖ over **what** my **com**pany ↘**does**. (私には自分の会社がすることをまったく制御できない)

【イントネーション】Iを強調することをこの話者は選択している。また any は「まったく」という意味がこの文では重要なためアクセントを持つ

【単語】what にはアクセントがあるが、これはこの単語が疑問詞であることを必ずしも表さない。アクセントを置かないと弱アクセントが4つ続いてしまうため、それを避けるためということもあり得る

231 **音声** The ↘**team** was ↘**at** its ↘**best** then. (チームはそのとき絶好調だった)

【イントネーション】機能語である at に第1アクセントが置かれている理由ははっきりしない。話者が意味的に重要と考えた可能性のほか、強・弱・強・弱のリズムに合わせるためという可能性もある

【イントネーション】then は時を表す副詞で、文末では音調核を担わない。ここでは best で始まる下降調の尾部

232 **音声** The **out**side of this ↘**box** is ↘**green**↗, ‖ but the ↘**in**↗side is ↘**red**. (箱の外側は緑色だが内側は赤い)

【イントネーション】これは単語の一部が、意味的な理由で語アクセントの型に反して第1アクセントを受けている例。outside, inside は単独では ˌoutˈside、ˌinˈside と後半に第1アクセントがあるが、この文では out- と in- を対比しているため、それぞれ ˈoutˌside, ˈinˌside となっている

【イントネーション】green と red の対比のため2つのイントネーション句に分かれ、それぞれが音調核を担っている

233 **音声** If **she** doesn't ↘**go**↗ ‖ **I** won't go ↘**ei**ther. (彼女が行かないなら私も行きません)

【イントネーション】if 節が前半にある場合、この例のように下降上昇調になりやすい

【イントネーション】she と I は対比されているため、両方とも第1アクセントを持つ

【つながり】doesn't、won't は両方とも、次の /g/ の前で /t/ が脱落した上に /n/ が /g/ に同化して /ŋ/ となっている。つまり doesn't go は /ˌdʌzəŋˈgoʊ/、won't go は /ˌwoʊŋˌgoʊ/ になっている

8.5 イントネーション句末尾の機能語が強くなる例

助動詞・be 動詞と前置詞は、それにつながる主動詞や補語などが省略されたり、目的語の疑問詞・関係詞などが文頭に移動したりしている場合、弱アクセントではなく第 2 アクセントを持ちます。これは意味的要因というよりは、文法的理由によるものです。主にイントネーション句の末尾で起こりますが、その他の位置もあり得ます。

234 音声 **Words** can**not** ex↘**press** <u>how</u> ↘**hap**py I <u>am</u>.（私がどんなに幸せか言葉では言い表せません）

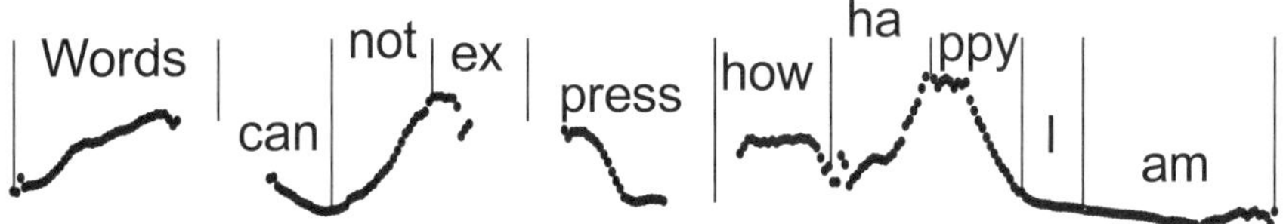

【イントネーション】文末の am は強形の /æm/ となっている。be 動詞は補語（ここでは how happy）が前に移動してそれ自身が取り残されている場合には強形となるのが法則

【イントネーション】how が第 2 アクセントなのは前後の第 1 アクセントが下降調で強めになっており、そこを相対的に弱くして交替リズムにするため

235 音声 I <u>don't</u> ↘**know** <u>whose</u> ↘**book** it <u>is</u>.（誰の本なのか分からない）

【イントネーション】最後の is に第 2 アクセントがあるのは、補語にあたる whose book が前に移動して取り残されているため

236 **音声** You **can't** i↘**ma**gine how ↘**hap**py I was then. (あの時私がどれほど幸せだったかあなたには想像もつかないでしょう

【イントネーション】was は補語の how happy が前に移動してしまっているため強形の /wʌz/ になり、happy で始まる下降調の尾部の中だが第 2 アクセントを持つ

【イントネーション】文末の then は時を表す副詞のため音調核を担わない

237 **音声** She has ↘**changed** a great ↘**deal**. ‖ In↘**deed** ‖ when I ↘**saw** her at the ↘**par**ty yester↗day ‖ I ↘**could**n't ↘**tell** who she ↘**was** at first. (彼女はとても変わってしまった。実際、昨日パーティーであったとき、最初は誰なのか分からなかった)

【イントネーション】2 つめの文の was にアクセントがあるのは、補語である who が節の冒頭に移っていることに伴うもの。音調核になっているのは、tell で始まる下降調の尾部が 5 音節続くことの単調さを避けるためと考えられる

【イントネーション】yesterday と at first は時を表す副詞的要素で、句末では基本的に音調核を持たない

238 **音声** I **can't** de↘**scribe** to ↗you ‖ **what** the **place** was ↘**like**. (その場所がどんなところだったのか言い表せません)

【イントネーション】最後の like は前置詞だが、目的語にあたる what が前に移動した形のためアクセントを受ける。ここでは第 2 アクセントでなく音調核になっているが、その理由ははっきりしない

239 **音声** ↘**No** one has ‖ **ev**er been able to **en**ter the ↘**room**. (その部屋に入ることができた人は誰もいない)

【イントネーション】ever を強く発音するためにその直前にイントネーション句の境界を置いた結果、has がイントネーション句の最後に取り残されている。それにより、助動詞の has は本来の弱形ではなく、続く要素が省略されたのと同様に、強形 /hæz/ で発音され第 2 アクセントを持っている

【つながり】been /bɪn/ の末尾の /n/ を次の母音にきちんとつなげること

【単語】no one は第１+第２のアクセント型を持つ

8.6 イントネーション句冒頭の機能語が強くなる例

単にイントネーション句の最初という音声的要因から機能語が強めに発音される場合もあります。多くは弱形が強形になったり第２アクセントを持ったりという程度ですが、まれに第１アクセントを持つこともあります。

240 **音声** **There** is a <u>lim</u>it to ↘**ev**erything.（何事にも限度がある）

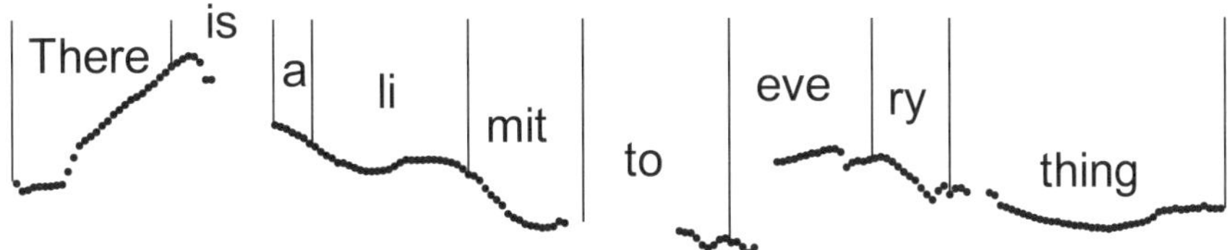

【イントネーション】存在文の there は機能語で、原則は弱形 /ðɚ/ が用いられるが、イントネーション句の最初の単語はある程度強く発音される傾向もあり、ここでは第１アクセントを受け、強形 /ðeɚ/ が用いられている

【イントネーション】その結果として limit は交替リズムにするため第２アクセントになっている。意味的には多少、理に適わない発音になっている

241 **音声** There is a **spe**cial ↘**art** to <u>ma</u>king **peo**ple **feel** at ↘**home**.（人をくつろがせるには特別なこつがある）

【イントネーション】存在文の there はアクセントを受けないが、この例ではイントネーション句の最初にあり弱形ではなく強形になっている

【つながり】there の次が母音で始まる is のため、/ɚ/ が /r/ に変わり there is で /ðerɪz/ となっている

242 **音声** There has been a ↘**jump** in the ↘**price** of ↘**gold**. (金の価格が急騰した)

【イントネーション】この there もアクセントはないが発音は強形である

【つながり】has は弱形で、さらに /h/ が脱落して /əz/ になっている。この /ə/ が前の there 末尾の /ɚ/ とつながり、結果として there has は /ðerəz/ となっている

243 **音声** There was **no sign** of ↘**life** ‖ in the ↘**house**. (その家には人の気配がなかった)

【イントネーション】この there もアクセントはないが発音は強形

【つながり】sign の末尾の /n/ と次の母音のつながりに注意。life の末尾の /f/ と次の in の間も、イントネーション句の境界をまたいでつながっている

244 **音声** ↘**She** is a good ↘**speak**er of Chi↘**nese**. (彼女は中国語を話すのがうまい)

【イントネーション】she は機能語で、本来は強いアクセントを伴わないが、文頭の単語は特に理由がなくてもこの例のように強く読まれることもある

9 文・単語の意味による音調の選択

広い意味での音調の意味として、下降調には「断言」、それ以外の音調には「断言しない」「暫定」「未完結」などがあります。平叙文に下降調が用いられるのはまさに断言のためですし、Yes-no疑問文に上昇調が用いられるのは、未完結であると示すことで、相手から応答を引き出すためだと言えます。

疑問文以外にも、発話の意図によって、それに親和性の高い核音調が用いられる例はあります。また、音調核よりも前のアクセントも、それが置かれる語句の意味に合うような音調で発音されることがあります。その他、発話の意味に合ったリズムや、声の上げ下げの幅なども含めてここで扱います。

245 **音声** As **soon** as I said ↘**yes**, ‖ **Jack**ie was **all** ↘**smiles**. (私が「はい」と言うとジャッキーは満面に笑みを浮かべた)

【単語】前半は従属節なので、下降上昇調を使うという選択も可能だが、yesという単語の言い切りに合わせて下降調になっていると考えられる

246 **音声** **I** <u>may</u> ↘**fail**↗, ‖ but at ↘**a**ny <u>rate</u>, ‖ **I'll** ↘**try**. (失敗するかも知れないが、ともあれ、やってみます)

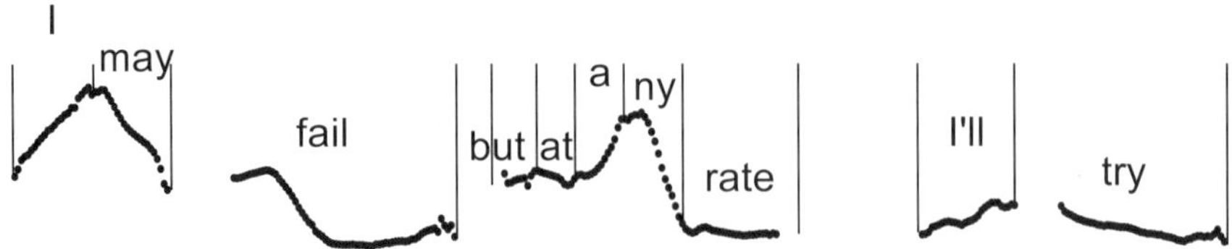

【イントネーション】最初のイントネーション句は譲歩的内容のため、言い切らない下降上昇調と親和性が高い

【イントネーション】at any rate は any に第 1 アクセント、rate は第 2 アクセントとなる。こちらは内容的に言い切りに近いため、下降調と親和性が高い

【単語】may は「許可」の意味ではアクセントなし、「可能性」の意味ではアクセントありとされる。この例の may は前後の単語よりも弱いが、それでも第 2 アクセントは持っており、この区別を踏襲している

247 **音声** I'm ↘**sor**ry ‖ I for**got** to <u>bring</u> your ↘**book**.

—**That's** <u>all</u> →**right**. ‖ I **don't** <u>have</u> **time** to ↘**read** it ‖
↘**a**ny↗way.

(ごめんなさい、あなたの本を持ってくるのを忘れました
ーいいですよ、どっちみち読む時間がありませんから)

【イントネーション】女声の all right は直前から一段階下がった平坦調で、下降調の「言い切り」による強い口調を避けたといえる

【イントネーション】anyway は最後が微妙に上がり下降上昇調。これも、下降調の言い切りを避けて柔らかい口調にするためのもの

【単語】I は通常は弱形を持たないが、男声の forgot の前の I は非常に弱く [ə] になっている

248 音声 Would you **like** some more ↗**food**?

—**No** →**thank** you ‖ I'm ↘**full**.

(もう少し召し上がりますか

ーいいえ結構です。満腹になりました)

【イントネーション】thank は No から一段階下がった平坦調。このような返事では下降調で言い切ってしまうのは望ましくないため

【単語】some は弱形で母音が脱落した /sm/。more は like と food の第1アクセントにはさまれて第2に格下げ

249 音声 His **plan** looks ↘**prom**ising in ↘**theo**↗ry, ‖ but it **won't** ↘**work**. (彼の計画は、理論上は見込みがありそうに見えるが、うまく行くことはないだろう)

【イントネーション】後半が前半に対して逆接の関係にあるため、前半は下降上昇調となる

【単語】theory の発音は、ここでは /ˈθɪri/ (=/ˈθɪɚ/+/i/) となっている。カタカナ語の「セオリー」にやや響きが似ているが、もちろん同じではない。より一般的とされる発音は /ˈθiːəri/ で、最初の母音は /iː/

250 音声 **Don't** ↗**wor**ry, ‖ I'm **sure** they will ↘**wel**come you ‖ with **o**pen ↘**arms**. (心配しないで。きっと歓迎してもらえますよ)

【イントネーション】Don't worry は柔らかい感じを与えるために上昇調になっている

【単語】worry の発音は /ˈwɚːri/。つづり字 <w> の後では <or> は <ur> として読むのが規則的なので、誤って /ˈwɔːri/ にしてしまわないように注意

251 音声 I ↘**some**↗times ‖ **see** my ↘**mo**ther in my ↘**dreams**. (ときどき母が夢に出てきます)

【イントネーション】sometimes のように「部分的」な意味合いを持つ単語は、断定的な印象のある下降調よりも、暫定的な感じを与える下降上昇調を伴いやすい

252 **音声** I **didn't** quite get your ↘**mean**ing.（おっしゃることがよく分かりませんでした）

【イントネーション】quite が第 2 アクセントなのは、第 1 アクセントではこの語の控えめな語義にそぐわないため

253 **音声** I ↘**did**n't tell you the ↘**truth**↗ ‖ for ↘**fear** that you would lose ↘**heart**.（本当のことを言わなかったのは、あなたががっかりするといけないと思ったからです）

【イントネーション】「真実を言わなかった」ことに対する後ろめたい気持ちは、下降上昇調と親和性がある

254 **音声** **Mike** is playing the **good** ↘**hus**↗band, ‖ but ↘**it** is ↘**just** an ↘**act**.（マイクは良い夫を演じているが、単なる見せかけだ）

【イントネーション】1 つめのイントネーション句は譲歩的な内容なので、言い切らない下降上昇調との親和性が高い

【イントネーション】it が第 1 アクセントを受けているのは、このイントネーション句全体が弱・強の繰り返しであり、ここだけ弱アクセントを 3 つ続けるのはリズムが悪いためだと考えられる

【単語】人名 Mike /ˈmaɪk/

255 **音声** ↘**I** have ↘**of**ten seen ↘**Mr.** ↘**Brown** at ↘**par**↗ties ‖ but I have ↘**ne**ver ↘**real**ly ↘**met** him.（ブラウンさんをよくパーティで見かけたが、きちんと会ったことはない）

【イントネーション】文の後半は前半から逆接の関係でつながるため、前半の核音調は下降上昇調になっている。その他の第 1 アクセントはすべて下降調で、反復リズムを形成している

256 **音声** **This** <u>e</u>vening will be **gi**ven <u>o</u>ver to ↘**dan**cing.（今晩は踊り明かすことになるだろう）

【イントネーション】第1アクセントと第2アクセントが交互に現れる交替リズム。内容的に、リズミカルな発音が望ましいためでもある

257 **音声** You **don't** <u>have</u> to ↘**tell** me. ‖ I can **see** it <u>on</u> your ↘**face**.（言わなくても、顔を見れば分かりますよ）

【イントネーション】元気に言うことが好ましくない文のため、全体にピッチの上げ下げが少ない。それぞれの文の音調核を担う tell と face の下降調が、直前の音節よりも下がったピッチから始まっているのもそのため。それでも、いちおう交替リズムの形をしている

258 **音声** She **walked home** by her↘**self**↗, ‖ al**though** she ↘**knew** ‖ that it **wasn't** ↘**safe**.（彼女は一人で歩いて帰宅した。安全でないことは分かっていたのだが。）

【イントネーション】1つめのイントネーション句が下降上昇調になっているのは、次に although による譲歩節があり、逆接の関係にあるため

10 注意すべき単語間のつながり

ここまでのセクションで、アクセント・イントネーション・リズムの使い方についてはほぼカバーできました。このセクションでは、主に単語間のつながりについて注意するべき文を扱います。

259 音声 If **my** ↘**fa**mily had **not** ↘**pushed** me, ‖ I would **ne**ver have ↘**got**ten **in**to this uni↘**ver**sity.（家族が後押ししてくれなかったらこの大学には入れていなかっただろう）

【つながり】had not, would never はどちらも語末の /d/ と語頭の /n/ がつながっており、鼻腔解放が起こっている

【単語】into は前置詞のため、この語単体としてはアクセントを受けないのが普通だが、get into という成句は引用形で第 2 アクセント＋第 1 アクセントというパターンを持つ。

260 音声 The **stone** wall offered **no** ↘**hold** ‖ for my ↘**foot**.（その石垣には足を掛けるところがなかった）

【つながり】offered 末尾の /d/ から次の /n/ への移行は鼻腔解放

261 音声 He could **not** ac↘**cept** the ↗**fact** ‖ that his **wife** was↘ **dead**.（彼は妻が死んだという事実を受け入れられなかった）

【つながり】could 末尾の /d/ は not の /n/ へ鼻腔解放でつながっている

【単語】accept /əkˈsept/ の /pt/ の連続で、/p/ は破裂せずに次の /t/ に移る。破裂音が続く場合、調音がオーバーラップするため

262 音声 ↘**Hea**vy ↘**rain** forced ↘**ma**ny ↘**dri**vers ‖ to ↘**wait** in their ↘**cars** ‖ ↘**parked** in the ↘**rest** area.（豪雨のため多くのドライバーはサービスエリアに駐車した車の中で待つことを強いられた）

【つながり】wait の次の in は弱化が甚だしく、母音が脱落して /n/ だけになっている。その結果、wait in は /t/ から /n/ に鼻腔解放で移行する /ˈweɪtn/ になっている。その次の their は最初の /ð/ が前の /n/ の影響を受けて、/n/ とほぼ同じになっている。結果的に wait in their は /ˈweɪtnneɚ/ という発音である

263 音声 **Five** thousand ↘**peo**↗ple ‖ **lost** their ↘**lives** ‖ in the ↘**war**.（5千人がその戦争で命を落とした）

【つながり】in the の連続で、/ð/ は前の /n/ の影響を受けて /n/ のようになり、全体は /ɪnnə/ となっている

264 音声 ↘**She** had to work **three** afternoons a ↘**week** ‖ in her ↘**sis**ter's ↘**flow**er garden.（彼女は姉の花園で午後に週3回働かなければならなかった）

【つながり】her は弱形で、直前が子音のため /h/ が脱落して /ɚ/ となる。よって in her は /ɪnɚ/ となっている

265 音声 **You** should eat **less** ↘**rice** ‖ than you **do** ↘**now**.（あなたは今よりも米を食べる量を減らすべきです）

【つながり】should の末尾の /d/ は次に母音が続くためたたき音化

【つながり】eat 末尾の /t/ から次の /l/ への移行は側面解放

【イントネーション】文末の now は、普通は音調核を持たないが、ここでは、食べる量を減らすべき「今後」との対比を意図しているため音調核を与えられている

266 音声 **You** should **see** a ↘**doc**tor ‖ at ↘**least** once a ↘**week**.（あなたは最低週に1回は医者に診てもらうべきです）

【つながり】at 末尾の /t/ から least 冒頭の /l/ への移行は側面解放である

267 **音声** They **have**n't <u>e</u>ven **giv**en us the <u>in</u>for↘**ma**tion we <u>need</u>, ‖ **let** a↘**lone any** ↘**mon**ey. (彼らは私たちに、お金はおろか、必要な情報さえ与えてくれていません)

【つながり】let alone は単語それぞれの発音をそのままつなげた場合 /ˈletəˈloʊn/ だが、ここでは /t/ の次の /əl/ がまとまって /ɫ/ になっている。これは /l/ の前に /ə/ があるときに時々起こる現象である。/ɫ/ の前では /t/ がたたき音化するため、全体の発音が /ˈleṭɫˈoʊn/ となっている。/ɫ/ から母音へのつながりは、普通の /l/ と同じくラ行のように聞こえる

268 **音声** **Please** <u>take</u> <u>care</u> of my ↘**roses** ‖ while I'm a↘**way**. (私がいない間、バラの手入れをお願いします)

【つながり】care 末尾の /ɚ/ と次の母音がつながり care of は /ˌkerəv/ となっている

269 **音声** He ↘**pulled** his ↘**car** <u>o</u>ver ‖ to the **side** of the ↘**road**. (彼は車を道路わきに寄せた)

【つながり】car と over の連続では car の次が母音のため末尾の /ɚ/ が /r/ に変わり /ˈkɑːˌroʊvɚ/ となっている

270 **音声** He ↘**stayed** with us ‖ for a **short** <u>pe</u>riod of ↘**time**. (彼は私たちの家に短期間滞在した)

【つながり】for a は /fɚ/＋/ə/ で /ɚ/ が子音化して /frə/ となる

271 **音声** There are **not** <u>ma</u>ny ↘**coun**tries ‖ which are ↘**rich** in ↘**na**tural ↘**gas** and ↘**oil**. (天然ガスと石油が豊富な国は多くない)

【つながり】not の末尾の /t/ を作る前に次の /m/ に移ってしまい、/t/ は脱落している。英語では子音の連続で調音がオーバーラップするのが普通なのでこのようなことも起こる

【単語】which の冒頭に /h/ はなく /wɪtʃ/ と発音されている。アメリカ発音ではほとんどの人がこの発音を持つ

272 音声 **Mom** ↘**left** me a ↘**note** ‖ on the ↘**kit**chen ↘**ta**ble.（ママは台所のテーブルに私へのメモを残していた）

【つながり】left の末尾の /ft/ は、/f/ のために上の歯が下唇に付いた形のまま次の語の /m/ となるため、/t/ は口の中で構えを作っていても実質的に脱落したのと同じ。これも子音の調音がオーバーラップした結果である

273 音声 The **bus** picked up **sev**eral ↘**peo**ple ‖ at the **first** ↘**stop**.（バスは最初の停留所で何人かを乗せた）

【つながり】first stop は本来 /ˈfəːstˈstɑːp/ と発音されるが、/stst/ という連続が煩雑なため1つめの /t/ が脱落して /sst/ になり、さらに2つ連続した /s/ が1つ分の長さに短縮されている。結果として、/stst/ は /st/ になり、あたかも fur stop のように発音されている。母語話者でもこのような発音をすることがあるという例で、ここでは文脈がバスなので誤認の恐れはないが、なるべく /s/ を長く発音した方が望ましい

274 音声 **This** is the **first** ↘**step** ‖ to**ward world** ↘**peace**.（これは世界の平和への第一歩です）

【つながり】ここでも、first step の単語間の連続 /stst/ が /st/ になり、まるで fur step のようになっている

11 注意すべき単語の発音

ここでは、単語の発音に注意すべき点がある文を扱います。

275 音声 ↘**Pri**ces have <u>ri</u>sen by **three** per↘**cent** ‖ during the **past** <u>six</u> ↘**months.** (過去 6 ヶ月で物価は 3% 上昇した)

【単語】during の発音は /dʊrɪŋ/。/d/ の後では /jʊɚ/ (これに母音が続いたものが /jʊr/) は分布せず /j/ が脱落する

【単語】months の発音は元来 /ˈmʌnθs/ だが、/θs/ の連続が発音困難なため /θ/ が脱落し、結果的に連続した /n/ と /s/ の間に /t/ が挿入されて /ˈmʌnts/ となっている。この方が一般的な発音である

> /θ/ は歯擦音ではないので、この音を語末に持つ単語の複数形を作るとき /ɪz/ をつけることはない。この例の months のように単に /s/ をつける単語と、277 の用例中の mouths のように、/θ/ を /ð/ に変えた上で /z/ をつける単語がある。

276 音声 They **saw** ↘**more** of <u>each</u> ↗<u>o</u>ther ‖ in the ↗**months** that ↘**fol**lowed. (その後数ヶ月彼らは顔を合わせることが増えた)

【単語】months の発音は元来の /ˈmʌnθs/ から変化して /ˈmʌnts/ になっている

【イントネーション】前半は more に焦点を置くために each other は下降上昇調の尾部 (低い平坦部〜上昇部分) に入っている

277 音声 We **eat** and ↘**speak** ‖ with our ↘**mouths.** (私たちは食べることも話すことも口を使って行っている)

【つながり】eat の末尾の /t/ は母音の前でたたき音化

【単語】mouth /ˈmaʊθ/ の複数形は、末尾の子音が有声になり /ˈmaʊðz/ となるのが元来の発音だが、ここでは /ð/ が消えて /ˈmaʊz/ になっている

278 **音声** **Glee** suggested a **walk** across the ↘**bridge** ‖ to ↗**vi**sit the ↘**church**, ‖ and ↘**Ra**↗leigh **quick**ly a↘**greed**.（グリーは橋を渡って教会まで歩こうと提案し、ローリーはすぐに同意した）

【単語】suggested は /səˈdʒestəd/ ではなく、アメリカはより一般的な /səgˈdʒestəd/ と発音されている。ただし /g/ は破裂しないまま次の /dʒ/ に移っているため、ほとんど聞こえない

【単語】人名 Glee /ˈgliː/, Raleigh /ˈrɑːli/

279 **音声** ↘**Pub**lic ↘**pres**sure ‖ **man**aged to force a ↘**change** ‖ in the ↘**pre**sident's po↘**si**tion.（大衆の圧力により何とか大統領の態度を変えることができた）

【単語】managed の発音は /ˈmænɪdʒd/ である。三単現の s をつける場合と違い、/dʒ/ と過去形の語尾 /d/ の間に母音は入らない

【単語】president's /ˈprezɪdənts/ の /d/ はたたき音化している。他に /d/ の次に母音を入れず鼻腔解放する /ˈprezɪdnts/ もあり得る

【イントネーション】やや固い文のため、この語数としては多めのイントネーション句 3 つに分かれている

280 **音声** **This** world ↘**re**cord will ↘**nev**er be ↘**bro**ken.（この世界記録は破られることは決してないだろう）

【単語】名詞 record の発音は /ˈrekɚd/ で、2 つめの母音は /ɔɚ/ ではなく弱化した /ɚ/ であることに注意。なお「記録する」という意味の動詞では /rəˈkɔɚd/ となる

281 **音声** He re↘**ceived** a ↘**mes**sage ‖ that his **daugh**ter had **won** the ↘**race**. (彼は娘がレースに勝ったという知らせを受けた)

【単語】won の発音は /ˈwʌn/ で数字の one と同じ。「ウォン」ではないことに注意

【つながり】that his は両方とも弱形で、his の /h/ が脱落し that の /t/ がたたき音化して /ðəṱɪz/ となっている

282 **音声** The ↘**poor** ↘**speech** on ↘**tele**↗vision ‖ ↘**hurt** the president's ↘**pub**lic ↘**im**age. (テレビで下手な演説をしてしまい、大統領の対外的イメージに傷がついた)

【単語】image の発音は最初に第 1 アクセントがあり 2 番目の母音が /ɪ/ となる /ˈɪmɪdʒ/。カタカナ語の「イメージ」に引きずられないようにしたい

283 **音声** **Draw** your ↘**chair** ‖ **clo**ser to the ↘**fire**. (椅子をもっと火の近くまで引いてください)

【単語】副詞(および形容詞の) close の末尾の子音は /s/ のため比較級は /ˈkloʊsɚ/ となる。「閉じる」という意味の動詞 close /ˈkloʊz/ に -er をつけて派生した closer /ˈkloʊzɚ/「(野球の) 抑え投手」の発音と混同しないこと

284 **音声** **Move** the ↘**chair** ‖ ↘**near**er to the ↘**ta**ble. (椅子をテーブルのもっと近くに移動させてください)

【単語】nearer は near /ˈnɪɚ/＋-er /ɚ/ で、本書の表記法を使うと /ˈnɪrɚ/ となるが、/r/＝/ɚ/ であるため、実際には /ɪ/ の後で /ɚ/ を長く伸ばした [ˈnɪɚː] のような発音になる(つまり、原級の near との違いは /ɚ/ の長さになる)。同様の発音は mirror /ˈmɪrɚ/ [ˈmɪɚː]、lecturer /ˈlektʃrɚ/ [ˈlektʃɚː] などでも行われる(mere /ˈmɪɚ/、lecture /ˈlektʃɚ/ と比べて /ɚ/ が長くなるだけ)

285 **音声** There are **lots** of ↘**dif**ferences ‖ between Ja**pan** and the United ↘**States**. (日本とアメリカには多くの違いがある)

【単語】the の弱形は子音の前で /ðə/、母音の前で /ði/ である。United が

子音 /j/ で始まるため /ðə/ となるはずだが、ここでは母音 [i] に近い /j/ の構えに同化して母音が変わり /ðɪ/ となっている
【単語】存在文の there はアクセントを受けないが、ここでは文頭のため強形になっている。次の are の発音は弱形 /ɚ/ のため、There are は /ɚ/ が長くなった [ðeɚː] のようになっている

286 音声 I can **ne**ver for<u>get</u> the ex↘**per**iences I ↘**had** ‖ **dur**ing my <u>stay</u> in A↘**mer**ica.（アメリカ滞在中の経験は決して忘れられない）
【単語】America は通常 4 音節の /əˈmerəkə/ という発音だが、ここでは /r/ の次の /ə/ に r の音色が及び、3 音節で /əˈmeɚkə/ と発音されている
【単語】never は強調のために冒頭の子音 /n/ を長めに発音している

287 音声 ↘**Ev**erybody is sup<u>posed</u> to ↘**know** the↘**law**, ‖ but **few** ↘**peo**ple **real**ly ↘**do**.（誰もが法律を知っていることになっているが、本当に知っている人は少ない）
【単語】supposed の元々の発音は /səˈpoʊzd/ だが、/zd/ が次の /t/ に同化して /st/ に変わり、さらに 2 つ続いた /t/ が 1 つ分に短縮され、結果的に supposed to で /səˈpoʊstʊ/ となっている

288 音声 ↘**Charles** has <u>in</u>tro<u>duced</u> a **new** ↘**me**thod ‖ of <u>teach</u>ing ↘**for**eign ↘**lan**guages.（チャールズは外国語を教える新しい方法を導入した）
【単語】introduced の u、new の ew は /juː/ ではなく /uː/。/t, d, n/ の後では /juː/ から /j/ が脱落する
【単語】has は弱形で /h/ も脱落し /əz/
【単語】人名 Charles /ˈtʃɑɚɫz/

289 音声 He ↘**nev**er <u>knew</u> for ↘**cer**tain ‖ **how** it ↘**hap**pened.（どうしてそうなったのか確証がなかった）
【単語】certain /ˈsɚːtn/ の /-tn/ が鼻腔解放になっていることに注意。knew はアメリカでは /ˈnuː/ と発音される

290 **音声** I **dreamed** that I was ↘**fly**ing ‖ **high** a<u>bove</u> the ↘**moun**tains.（自分が山の上高く飛んでいる夢を見た）

【単語】mountains の発音は /ˈmaʊntnz/。/ntn/ の連続は /n/ のあと /t/ で一瞬だけ鼻への通路を止めた上で鼻腔解放させる。舌先は上の前歯の裏の歯茎につけたまま

【単語】従属接続詞 that は原則として弱形 /ðət/ になる。末尾の /t/ は次が母音のためたたき音化している

291 **音声** I ↘**sud**denly re↘**mem**bered ‖ that I had **left** the ↘**door** <u>o</u>pen.（ドアを開けっ放しにしていたのを急に思い出した）

【単語】suddenly /ˈsʌdnli/ の発音は /dn/ の連続で鼻腔解放、/nl/ の連続で側面解放が起こり、その間ずっと舌先は上の前歯の裏の歯茎についている

292 **音声** There's a ↘**book** <u>l</u>ying on the ↘**floor**↗. ‖ You must **put** it a↘**way** <u>now</u>.（床に本が置いてあるので今片付けなさい）

【単語】must は「可能性」を表す場合はアクセントを受けるが、この例のように「義務」を表すときはアクセントを受けず弱形 /məst/ になる。ここではさらに末尾の /t/ が次の /p/ に吸収されて脱落している

293 **音声** **We** must ↘**al**so <u>think</u> ‖ a**bout** the **needs** of the **young**er ↗**mem**bers of so↘**ci**ety.（社会の若い人たちのニーズも考えなければならない）

【単語】「義務」を表す must はアクセントを受けない。ここでは弱形 /məst/ からさらに /t/ が脱落している。これに対して、「可能性」を表す must はアクセントを受ける

younger の中間の子音は、本来は /ŋg/ となるとされ、/g/ が入らない singer /ˈsɪŋɚ/ との対比は発音練習の対象となる（本書の第 3 章でも練習した）。しかしこのナレーターは /g/ を落として /ˈjʌŋɚ/ と発音している。どの程度一般的なのかは不明だが、/ŋ/ と /ŋg/ の区別が他の区別に比べて重要度が低いことを示唆するかもしれない。

294 **音声** I'm ↘**keep**ing my ↘**fin**gers ↗crossed ‖ that **he'll** come home ↘**safe**.（彼が無事に帰ってくるのを祈っています）

【イントネーション】keeping my fingers crossed のアクセント型は keeping、fingers に第 1 アクセント、crossed に第 2 アクセント。ここでは crossed は下降上昇調の上昇部分になっている

finger の発音は /ˈfɪŋgɚ/ で /ŋ/ の後に /g/ が入るとされるが、このナレーターは /g/ を落として /ˈfɪŋɚ/ と発音している。

295 **音声** If you **can't** stand the ↘**heat**, ‖ **get** out of the ↘**kit**chen.（暑さに耐えられないのなら台所から出なさい）

【単語】can't は /kænt/ と発音されアクセントを受ける。肯定形の can は通常弱形 /kən/ で発音される。この例では can't の末尾の /t/ が消えて /kæn/ になっているが、アクセントと母音の違いで肯定形ではないと判別できる

heat の冒頭の /h/ は本来次の /iː/ の構えで息を出す弱い摩擦音だが、このナレーターはこの 295 と次の 296 で日本語の「ヒ」の子音と同じ摩擦の強い無声硬口蓋摩擦音 [ç] を用いている。

296 **音声** ↘**Some**thing is ↘**wrong**↗ ‖ with the ↘**heat**ing system.（暖房装置に何か異常がある）

【単語】～ system の型の合成語は第 1 要素に第 1 アクセント、system は第 2 アクセントを持つ。結果として heating に音調核が来る

12 パッセージを読もう

それでは本書の締めくくりとして、序章で紹介したパッセージに戻りましょう。社会言語学者ウィリアム・ラボーヴがニューヨーカーの発音を収集するために用いた文です。序章で示した音声はナチュラルスピードでしたが、本章ではややゆっくり発音してもらったものを使います。序章のものと発音が若干違いますが、こちらの方を真似してください。

アクセント・イントネーションを示す記号はこれまでの章で用いたものと同じです。同じ行の中に複数のイントネーション句がある場合は || で区切り、加えて、改行している部分もイントネーション句の切れ目です。基本 1000 語の範囲外の単語の発音には注をつけました。その他、必要に応じて主にイントネーションに関する注をつけています。**音声**

(1)

Last ↘**Sa**turday ↘**night**↗
I **took** Mary ↘**Park**er
to the **Pa**ramount ↘**The**atre
I ↘**wan**ted to ↘**go** and **see** The **Jazz** ↘**Sing**er
but **Ma**ry got her ↘**fin**ger in the pie
She →**hates** ↘**jazz**
because she **can't** ↘**car**ry a ↘**tune**
and be↘**sides**↗
she **ne**ver ↘**miss**es a new ↘**film**
with **Cary** ↘**Grant**

Mary /ˈmeri/
Parker /ˈpɑɚkɚ/
Paramount /ˈperəˌmaʊnt/
Theatre /ˈθiːət̬ɚ/
Jazz /ˈdʒæz/
Singer /ˈsɪŋɚ/
pie /ˈpaɪ/, hates /ˈheɪts/
※hates は she より一段下がり、jazz はさらに下から下降する。
tune /ˈtuːn/
besides /bəˈsaɪdz/
Cary /ˈkeri/
Grant /ˈgrænt/

(2)

→**Well,** ‖ we were ↘**wait**ing in ↘**line**↗	farmer /ˈfɑɚmɚ/
about **half** an ↘**hour**↗	Kansas /ˈkænzəs/
when **some** ↘**farm**er from ↘**Kan**sas	somewhere /ˈsʌmweɚ/
or ↗**some**where ‖ ↘**asked** us	Palisades /ˈpæləˌseɪdz/ (引用形のアクセントは /ˌpæləˈseɪdz/ だが交替リズムのため第1アクセントと第2アクセントが入れ替わった)
how to get to **Pal**isades A↘**mu**sement Park	Amusement /əˈmjuːzmənt/

(3)

↘**Natural**↗ly ‖ I ↘**told** ↗him	Naturally /ˈnætʃrəli/
to **take** a ↘**bus**	
at the **Port** Au↘**tho**rity Ga↗rage	Port /ˈpɔɚt/
on **8th** ↘**A**venue	Authority /əˈθɔːrəṭi/
but ↘**Ma**↗ry ↘**right** a↘**way**↗	Garage /gəˈrɑːʒ/
said ↘**no**	Avenue /ˈævəˌnuː/
he should take the I.R.↘**T.**↗	
to **one** hundred twenty ↘**fifth** Street	
and go **down** the ↘**es**calator	escalator /ˈeskəˌleɪṭɚ/
She ↘**ac**tually ↘**thought**↗	
the ↘**fer**↗ry was **still** ↘**run**ning	ferry /ˈferi/

(4)

↘**You're** certainly in the ↘**dark**
I →**told** her
They ↗**tore** down that dock
ten ↘**years** ago
when ↘**you** were in ↘**dia**pers

※直接話法の伝達部が後にある場合ピッチ変動は少ない。
tore /ˈtɔɚ/, dock /ˈdɑːk/
※They は高いがアクセントはない。tore からの上昇調は低く始まり dock まで上昇を続ける。
diapers /ˈdaɪpɚz/

(5)

↘**And** ‖ **what's** the ↘**source** of
↗**your** information Roger?
She ↘**used** her
↘**sweet**-and-↘**sour** ↘**tone** of ↘**voice**
like ↘**ket**chup mixed with to↘**ma**to sauce
Are they **run**ning ↗**sub**marines
to the **Jer**sey ↗**shore**?

※your から Roger の最後まで上昇を続ける。
source /ˈsɔɚs/
Roger /ˈrɑːdʒɚ/
sweet /ˈswiːt/, sour /ˈsaʊɚ/
tone /ˈtoʊn/, ketchup /ˈketʃəp/
tomato /təˈmeɪt̬oʊ/
sauce /ˈsɑːs/
submarines /ˈsʌbməˌriːnz/
Jersey /ˈdʒɚːzi/, shore /ˈʃɔɚ/
※Yes-no 疑問文はイントネーション句が分かれても、それぞれが上昇調を持つ。

(6)

When **Ma**ry starts to sound ↘**hu**mor↗ous
that's ↘**bad**
merry ↘**hell** ↗is
↘**sure** to break ↘**loose**
I re↘**mem**bered the **verse** from the ↘**Bi**↗ble
about a **good** →**wo**man
being worth **more** than ↘**ru**bies
and I **bared** my ↘**teeth**
in **some** kind of a ↘**smile**
Don't tell this man any ↘**fair**y tales
about a ↘**fer**ry ‖ He **can't** ↘**go** that way

humorous /ˈhjuːmərəs/
merry /ˈmeri/, hell /ˈheɫ/
loose /ˈluːs/
verse /ˈvɚːs/
Bible /ˈbaibɫ/
worth /ˈwɚːθ/
rubies /ˈruːbiz/
bared /ˈbeɚd/
teeth /ˈtiːθ/
fairy /ˈferi/
tales /ˈteɪɫz/

(7)

↘**Oh** ‖ ↗**yes** he ↘**can**↗ ‖ she →**said**
Just ↘**then**↗ ‖ a **lit**tle old ↘**la**dy
as **thin** as my ↘**grand**mother
came up **shak**ing a **tin** ↘**can**
and **this** ↘**farm**↗er ‖ **asked** ↘**her**↗
the **same** ↘**ques**tion
↘**She** sug↗gested
that **he** ask a ↘**sub**way guard
My ↘**god**! ‖ I →**thought**
that's one ↘**sure** ↗way ‖ to get ↘**lost**
in **New** York ↘**Ci**ty

thin /ˈθɪn/
grandmother /ˈgrænˌmʌðɚ/
shaking /ˈʃeɪkɪŋ/, tin /ˈtɪn/
※「よりによってこの人に」という焦点のため her にアクセントを置いている。
subway /ˈsʌbweɪ/
guard /ˈgɑɚd/, god /ˈgɑːd/
※I thought は実質、直接話法の伝達部なのでピッチ変動は少ない。
York /ˈjɔɚk/

(8)

→**Well**
I **man**aged to **sleep** <u>through</u> the **worst** ↘**part**
of the ↘**pic**↗ture
and the ↘**stage** ↗<u>show</u>
↘**was**n't ↘**too** <u>hard</u> to ↗<u>bear</u>
which was a ↘**plea**sure for me

bear /ˈbeɚ/
※too で下降、hard to は低く平坦、bear で上昇する。
pleasure /ˈpleʒɚ/

(9)

↘**Then**↗ ‖ I ↘**want**ed to
↘**go** and ↘**have** a **bot**tle of ↘**beer**
but ↘**she had** to <u>have</u> a **cho**colate ↘**milk**↗
at **Chock** <u>Full</u> O' ↘**Nuts**
Chalk ↘**this** up ‖ as a **to**tal ↘**loss**
I →**told** my<u>self</u>
I **bet** that ↘**farm**↗er is
still wandering a↘**round** ‖ →**look**ing
<u>for</u> the **one** <u>hun</u>dred <u>twenty</u> <u>fifth</u> <u>Street</u> ↘**Fer**ry

bottle /ˈbɑːt̬ɫ/, beer /ˈbɪɚ/
chocolate /ˈtʃɑːklət/
milk /ˈmɪɫk/
Chock /ˈtʃɑːk/, O' /ə/
Nuts /ˈnʌts/
Chalk /ˈtʃɑːk/, loss /ˈlɑːs/
※I told myself は直接話法の伝達部のためピッチ変動は少ない。
bet /ˈbet/
wandering /ˈwɑːndərɪŋ/
※for の目的語が長いため looking で一旦イントネーション句を切った。句頭に位置することになった for は強形 /fɔɚ/ になっている。

単語リスト

- 用例のほか、本文中で引き合いに出した単語も含めました（アルファベット順）。
- *印は『ライトハウス英和辞典』の基本 1000 語に含まれない単語です。
- 現れた語形のみを挙げているため、『ライトハウス英和辞典』の見出しとは必ずしも一致しません。
- 1 語としてつづられていない合成語はそれぞれの要素に分解して挙げてあります。

A

a　ə; 強 eɪ
able　ˈeɪbɫ
about　əˈbaʊt
above　əˈbʌv
accept　əkˈsept
across　əˈkrɑːs
act　ˈækt
action　ˈækʃən
activities　ˌækˈtɪvət̬iz
activity　ˌækˈtɪvət̬i
actually　ˈæktʃuəli
add　ˈæd
added　ˈæd̬əd
address　əˈdres
afraid　əˈfreɪd
after　ˈæftɚ
afternoons　ˌæftɚˈnuːnz
again　əˈgen
against　əˈgenst
age　ˈeɪdʒ
ago　əˈgoʊ
agreed　əˈgriːd
ahead　əˈhed
air　ˈeɚ
all　ˈɑːɫ
allow　əˈlaʊ
allowed　əˈlaʊd
almost　ˈɑːɫˌmoʊst
alone　əˈloʊn
along　əˈlɑːŋ
already　ˌɑːɫˈred̬i
also　ˈɑːɫˌsoʊ
although　ɑːɫˈðoʊ
always　ˈɑːɫweɪz
am　əm; 強 ˈæm
America　əˈmerɪkə
American　əˈmerɪkən
among　əˈmʌŋ
amount　əˈmaʊnt
* amusement　əˈmjuːzmənt
* Amy　ˈeɪmi
an　ən; 強 ˈæn
and　ən(d), n; 強 ˈænd
* angel　ˈeɪndʒəɫ
animal　ˈænəmɫ
animals　ˈænəmɫz
another　əˈnʌðɚ
answer　ˈænsɚ
any　əni; 強 ˈeni
anyone　ˈeniˌwʌn
anything　ˈeniˌθɪŋ
anyway　ˈeniˌweɪ
appear　əˈpɪɚ
appeared　əˈpɪɚd
approached　əˈproʊtʃt
April　ˈeɪprəɫ
are　ɚ; 強 ˈɑɚ
area　ˈeriə
aren't　ˈɑɚnt
arms　ˈɑɚmz
army　ˈɑɚmi
around　əˈraʊnd
arrive　əˈraɪv
art　ˈɑɚt
artist　ˈɑɚt̬əst
as　əz; 強 ˈæz
Asia　ˈeɪʒə
ask　ˈæsk
asked　ˈæskt
at　ət; 強 ˈæt
* ATMs　ˈeɪˌtiːˈemz
attack　əˈtæk
attention　əˈtenʃən
August　ˈɑːgəst
* authority　əˈθɔːrət̬i
* avenue　ˈævəˌnuː
away　əˈweɪ

B

baby　ˈbeɪbi
back　ˈbæk
backs　ˈbæks
bad　ˈbæd

bag ˈbæg
bags ˈbægz
ball ˈbɑːɫ
bank's ˈbæŋks
* bared ˈbeɚd
base ˈbeɪs
based ˈbeɪst
be bi; 強 ˈbiː
* bear ˈbeɚ
beat ˈbiːt
beaten ˈbiːtn
beautiful ˈbjuːt̬əfɫ
became bɪˈkeɪm
because kəz; 強 bɪˈkɑːz
become bɪˈkʌm
bed ˈbed
been bən; 強 ˈbɪn
* beer ˈbɪɚ
before bɪˈfɔɚ
began bɪˈgæn
beginning bɪˈgɪnɪŋ
behind bɪˈhaɪnd
being ˈbiːɪŋ
believe bɪˈliːv
below bɪˈloʊ
* besides bɪˈsaɪdz
best ˈbest
bet ˈbet
better ˈbet̬ɚ
between bɪˈtwiːn
* bible ˈbaɪbɫ
big ˈbɪg
bill ˈbɪɫ
bird ˈbɚːd

bit ˈbɪt
black ˈblæk
blood ˈblʌd
blue ˈbluː
board ˈbɔɚd
boat ˈboʊt
body ˈbɑːd̬i
book ˈbʊk
born ˈbɔɚn
both ˈboʊθ
* bottle ˈbɑːt̬ɫ
bought ˈbɑːt
box ˈbɑːks
boxes ˈbɑːksəz
boy ˈbɔɪ
break ˈbreɪk
* bridge ˈbrɪdʒ
bright ˈbraɪt
bring ˈbrɪŋ
bringing ˈbrɪŋɪŋ
broke ˈbroʊk
broken ˈbroʊkən
brother ˈbrʌðɚ
brothers ˈbrʌðɚz
* Brown ˈbraʊn
* Bruce ˈbruːs
building ˈbɪɫdɪŋ
buildings ˈbɪɫdɪŋz
built ˈbɪɫt
bus ˈbʌs
business ˈbɪznəs
businesses ˈbɪznəsəz
but bət; 強 ˈbʌt
buy ˈbaɪ

buys ˈbaɪz
by baɪ

C

call ˈkɑːɫ
called ˈkɑːɫd
calls ˈkɑːɫz
came ˈkeɪm
can kən; 強 ˈkæn
can't ˈkænt
cannot ˈkæˌnɑːt
captain ˈkæptən
car ˈkɑɚ
card ˈkɑɚd
cards ˈkɑɚdz
care ˈkeɚ
carefully ˈkeɚfəli
* carp ˈkɑɚp
carried ˈkerid
carry ˈkeri
cars ˈkɑɚz
* cart ˈkɑɚt
* Cary ˈkeri
case ˈkeɪs
cat ˈkæt
catch ˈkætʃ
cats ˈkæts
caught ˈkɑːt
cause ˈkɑːz
cent ˈsent
center ˈsent̬ɚ
central ˈsentrəɫ
century ˈsentʃʊri
certain ˈsɚːtn

certainly ˈsɚːtnli
chair ˈtʃeɚ
* chalk ˈtʃɑːk
chance ˈtʃæns
change ˈtʃeɪndʒ
changed ˈtʃeɪndʒd
* chants ˈtʃænts
characters ˈkerəktɚz
* Charles ˈtʃɑɚɫz
check ˈtʃek
child ˈtʃaɪɫd
child's ˈtʃaɪɫdz
children ˈtʃɪɫdrən
China ˈtʃaɪnə
Chinese ˌtʃaɪˈniːz
* Chock ˈtʃɑːk
* chocolate ˈtʃɑːklət
choice ˈtʃɔɪs
choose ˈtʃuːz
church ˈtʃɚːtʃ
city ˈsɪt̬i
class ˈklæs
clean ˈkliːn
clear ˈklɪɚ
clearly ˈklɪɚli
climb ˈklaɪm
climbed ˈklaɪmd
closed ˈkloʊzd
closer 形 ˈkloʊsɚ
* closer 名 ˈkloʊzɚ
club ˈklʌb
* coat ˈkoʊt
cold ˈkoʊɫd
colder ˈkoʊɫdɚ
college ˈkɑːlɪdʒ
colored ˈkʌlɚd
colors ˈkʌlɚz
come ˈkʌm
comes ˈkʌmz
common ˈkɑːmən
community kəˈmjuːnət̬i
company ˈkʌmpəni
complete kəmˈpliːt
completely kəmˈpliːtli
computer kəmˈpjuːt̬ɚ
computers kəmˈpjuːt̬ɚz
condition kənˈdɪʃən
considered kənˈsɪd̬ɚd
continue kənˈtɪnju
control kənˈtroʊɫ
controlled kənˈtroʊɫd
* cop ˈkɑːp
corner ˈkɔɚnɚ
could kəd; 強 ˈkʊd
couldn't ˈkʊdnt
counted ˈkaʊnt̬əd
countries ˈkʌntriz
country ˈkʌntri
couple ˈkʌpɫ
course ˈkɔɚs
court ˈkɔɚt
covered ˈkʌvɚd
created kriˈeɪt̬əd
crossed ˈkrɑːst
crowded ˈkraʊd̬ɪd
cry ˈkraɪ
crying ˈkraɪɪŋ
culture ˈkʌɫtʃɚ
cups ˈkʌps
cut ˈkʌt

D

dad ˈdæd
damage ˈdæmɪdʒ
dance ˈdæns
dancing ˈdænsɪŋ
dark ˈdɑɚk
date ˈdeɪt
daughter ˈdɑːt̬ɚ
day ˈdeɪ
days ˈdeɪz
dead ˈded
deal ˈdiːɫ
dear ˈdɪɚ
death ˈdeθ
* Debbie ˈdebi
decision dɪˈsɪʒən
deep ˈdiːp
demanded dɪˈmændəd
demand dɪˈmænd
describe dɪˈskraɪb
design dɪˈzaɪn
designs dɪˈzaɪnz
* details dɪˈteɪɫz, ˈdiːteɪɫz
* diapers ˈdaɪpɚz
* dictionary ˈdɪkʃəˌneri
did ˈdɪd
didn't ˈdɪdnt
die ˈdaɪ
died ˈdaɪd
differences ˈdɪfərənsəz
different ˈdɪfərənt

difficult ˈdɪfɪkəɫt

difficulties ˈdɪfɪkəɫtiz

difficulty ˈdɪfɪkəɫti

dinner ˈdɪnɚ

discovered dɪˈskʌvɚd

* discussing dɪˈskʌsɪŋ

do du, dʊ, də; 強 ˈdu:

* dock ˈdɑ:k

doctor ˈdɑ:ktɚ

doctors ˈdɑ:ktɚz

does dəz; 強 ˈdʌz

doesn't ˈdʌznt

dog ˈdɑ:g

dogs ˈdɑ:gz

doing ˈdu:ɪŋ

dollar ˈdɑ:lɚ

dollars ˈdɑ:lɚz

don't ˈdoʊnt

* Donald ˈdɑ:nɫd

done ˈdʌn

door ˈdɔɚ

doubt ˈdaʊt

down ˈdaʊn

draw ˈdrɑ:

dreamed ˈdri:md

dreams ˈdri:mz

dresses ˈdresəz

drew ˈdru:

drink ˈdrɪŋk

drivers ˈdraɪvɚz

drop ˈdrɑ:p

drove ˈdroʊv

dry ˈdraɪ

during ˈdʊrɪŋ

E

each ˈi:tʃ

* ear ˈɪɚ

early ˈɚ:li

* ears ˈɪɚz

earth ˈɚ:θ

easily ˈi:zəli

east ˈi:st

easy ˈi:zi

eat ˈi:t

eaten ˈi:tn

* edge ˈedʒ

education ˌedʒʊˈkeɪʃən

effect ɪˈfekt

effort ˈefɚt

eight ˈeɪt

eighth ˈeɪtθ

either ˈi:ðɚ

else ˈeɫs

* enclitic enˈklɪt̬ɪk

end ˈend

energy ˈenɚdʒi

England ˈɪŋ(g)lənd

English ˈɪŋ(g)lɪʃ

enjoyed ɪnˈdʒɔɪd

enough ɪˈnʌf

enter ˈent̬ɚ

* entertainer ˌent̬ɚˈteɪnɚ

environment ɪnˈvaɪrənmənt

* escalator ˈeskəˌleɪt̬ɚ

especially ɪˈspeʃəli

even ˈi:vn

evening ˈi:vnɪŋ

events ɪˈvents

ever ˈevɚ

every ˈevri

everybody ˈevriˌbɑ:d̬i

everyone ˈevriˌwʌn

everything ˈevriˌθɪŋ

exactly ɪgˈzæktly

example ɪgˈzæmpɫ

exercise ˈeksɚˌsaɪz

expect ɪkˈspekt

expected ɪkˈspektəd

experiences ɪkˈspɪriəns

explained ɪkˈspleɪnd

express ɪkˈspres

expression ɪkˈspreʃən

eyes ˈaɪz

F

face ˈfeɪs

fact ˈfækt

fail ˈfeɪɫ

failed ˈfeɪɫd

fails ˈfeɪɫz

fairy ˈferi

fall ˈfɑ:ɫ

family ˈfæm(ə)li

famous ˈfeɪməs

far ˈfɑɚ

farm ˈfɑɚm

* farmer ˈfɑɚmɚ

farther ˈfɑɚðɚ

fast ˈfæst

father ˈfɑ:ðɚ

father's ˈfɑ:ðɚz

fear ˈfɪɚ

February ˈfebruˌeri, ˈfebjuˌeri
feel ˈfiːɫ
feeling ˈfiːlɪŋ
feels ˈfiːɫz
feet ˈfiːt
* ferry ˈferi
few ˈfjuː
field ˈfiːɫd
fifteen ˌfɪfˈtiːn
fifths ˈfɪfθs
fighting ˈfaɪṱɪŋ
figure ˈfɪgjɚ
fill ˈfɪɫ
film ˈfɪɫm
final ˈfaɪnɫ
finally ˈfaɪnɫi
find ˈfaɪnd
finds ˈfaɪndz
fine ˈfaɪn
finger ˈfɪŋgɚ
fingers ˈfɪŋgɚz
finish ˈfɪnɪʃ
finished ˈfɪnɪʃt
fire ˈfaɪɚ
firm ˈfɚːm
first ˈfɚːst
fish ˈfɪʃ
five ˈfaɪv
flew ˈfluː
floor ˈflɔɚ
flooring ˈflɔːrɪŋ
flower ˈflaʊɚ
flowers ˈflaʊɚz
flying ˈflaɪɪŋ

followed ˈfɑːloʊd
food ˈfuːd
foot ˈfʊt
for fɚ; 強 ˈfɔɚ
force ˈfɔɚs
forced ˈfɔɚst
foreign ˈfɔːrən
forest ˈfɔːrəst
forget fɚˈget
forgot fɚˈgɑːt
form ˈfɔɚm
forty ˈfɔɚṱi
forward ˈfɔɚwɚd
fought ˈfɑːt
found ˈfaʊnd
four ˈfɔɚ
fours ˈfɔɚz
fourteen ˌfɔɚˈtiːn
fourth ˈfɔɚθ
* Fred ˈfred
free ˈfriː
Friday ˈfraɪdeɪ
friend ˈfrend
from frəm; 強 ˈfrɑːm, ˈfrʌm
front ˈfrʌnt
full ˈfʊɫ
* fur ˈfɚː
further ˈfɚːðɚ
future ˈfjuːtʃɚ

G

game ˈgeɪm
games ˈgeɪmz
* garage gəˈrɑːʒ

garden ˈgɑɚdn
gas ˈgæs
gave ˈgeɪv
general ˈdʒenrəɫ
get ˈget
get up ˌgeṱˈʌp
gets ˈgets
getting ˈgeṱɪŋ
girl ˈgɚːɫ
girls ˈgɚːɫz
give ˈgɪv
given ˈgɪvən
glass ˈglæs
glasses ˈglæsəz
* Glee ˈgliː
go ˈgoʊ
goal ˈgoʊɫ
* god ˈgɑːd
goes ˈgoʊz
going ˈgoʊɪŋ
gold ˈgoʊɫd
gone ˈgɑːn
good ˈgʊd
good evening ˌgʊḍˈiːvnɪŋ
good-bye ˌgʊ(d)ˈbaɪ
got ˈgɑːt
gotten ˈgɑːtn
* grandmother ˈgræn(d)ˌmʌðɚ
* Grant ˈgrænt
great ˈgreɪt
green ˈgriːn
grew ˈgruː
ground ˈgraʊnd

grouped ˈgru:pt
grow ˈgroʊ
* guard ˈgɑɚd
guess ˈges
gun ˈgʌn
guy ˈgaɪ
guys ˈgaɪz

H

had 動 ˈhæd
had 助 (h)əd; 強 ˈhæd
hair ˈheɚ
half ˈhæf
hand ˈhænd
handed ˈhændəd
happened ˈhæpənd
happy ˈhæpi
hard ˈhɑɚd
harder ˈhɑɚdɚ
has 動 ˈhæz
has 助 (h)əz; ˈhæz
hasn't ˈhæznt
hat ˈhæt
* hates ˈheɪts
have 動 ˈhæv
have 助 (h)əv; 強 ˈhæv
haven't ˈhævnt
he (h)i; 強 ˈhi:
* he'd hi:d
* he'll hi:ɫ
head ˈhed
heads ˈhedz
health ˈheɫθ
hear ˈhɪɚ
heard ˈhɚ:d
hearing ˈhɪrɪŋ
heart ˈhɑɚt
hearted ˈhɑɚţəd
heat ˈhi:t
heating ˈhi:ţɪŋ
heavy ˈhevi
held ˈheɫd
* hell ˈheɫ
hello həˈloʊ
help ˈheɫp
helps ˈheɫps
her (h)ɚ; 強 ˈhɚ:
here ˈhɪɚ
herself (h)ɚˈseɫf
hi ˈhaɪ
high ˈhaɪ
higher ˈhaɪɚ
hill ˈhɪɫ
hills ˈhɪɫz
him (h)ɪm; 強 ˈhɪm
himself (h)ɪmˈseɫf
his (h)ɪz; 強 ˈhɪz
history ˈhɪstri
hit ˈhɪt
hold ˈhoʊɫd
hole ˈhoʊɫ
home ˈhoʊm
hope ˈhoʊp
hopes ˈhoʊps
horse ˈhɔɚs
hospital ˈhɑ:spɪţɫ
hot ˈhɑ:t
hotel ˌhoʊˈteɫ
hotter ˈhɑ:ţɚ
hour ˈaʊɚ
hours ˈaʊɚz
house ˈhaʊs
houses ˈhaʊzəz, ˈhaʊsəz
how ˈhaʊ
however ˌhaʊˈevɚ
human ˈhju:mən
humans ˈhju:mənz
* humorous ˈhju:mərəs
hundred ˈhʌndrəd
hundreds ˈhʌndrədz
hurt ˈhɚ:t
husband ˈhʌzbənd

I

I aɪ
* I'd aɪd
* I'll aɪɫ
* I'm aɪm
ice ˈaɪs
idea aɪˈdi:ə
if ɪf
image ˈɪmɪdʒ
imagine ɪˈmædʒən
important ɪmˈpɔɚtnt
in ɪn
include ɪnˈklu:d
increase ɪnˈkri:s, ˈɪnˌkri:s
increasing ɪnˈkri:sɪŋ
indeed ɪnˈdi:d
individual ˌɪndəˈvɪdʒuəɫ
influence ˈɪnfluəns
information ˌɪnfɚˈmeɪʃən

inside ɪnˈsaɪd
instead ɪnˈsted
interested ˈɪntrəstəd, ˈɪnt̬ɚˌrestəd
interesting ˈɪntrəstɪŋ, ˈɪnt̬ɚˌrestɪŋ
international ˌɪnt̬ɚˈnæʃnɫ
into ˈɪnt̬u, ˈɪnt̬ʊ, ˈɪnt̬ə
introduced ˌɪntrəˈdu:st
* IRT ˈaɪˌɑɚˈti:
is ɪz
island ˈaɪlənd
isn't ˈɪznt
it ɪt
it's ɪts
its ɪts
itself ɪtˈseɫf

J

* Jackie ˈdʒæki
* Jane ˈdʒeɪn
January ˈdʒænjuˌeri
Japan dʒəˈpæn
* jazz ˈdʒæz
* Jersey ˈdʒɚ:zi
* Jim ˈdʒɪm
job ˈdʒɑ:b
jobs ˈdʒɑ:bz
* Joe's ˈdʒoʊz
* John ˈdʒɑ:n
join ˈdʒɔɪn
* judge ˈdʒʌdʒ
July dʒʊˈlaɪ
jump ˈdʒʌmp
June ˈdʒu:n
just dʒəs(t); 強 ˈdʒʌst

K

* Kane ˈkeɪn
* Kansas ˈkænzəs
keep ˈki:p
keeping ˈki:pɪŋ
keeps ˈki:ps
* ketchup ˈketʃəp
kids ˈkɪdz
killed ˈkɪɫd
kind ˈkaɪnd
king ˈkɪŋ
kitchen ˈkɪtʃən
knew ˈnu:
know ˈnoʊ
known ˈnoʊn
knows ˈnoʊz

L

ladies ˈleɪḍiz
lady ˈleɪḍi
land ˈlænd
language ˈlæŋgwɪdʒ
languages ˈlæŋgwɪdʒəz
large ˈlɑɚdʒ
last ˈlæst
lasted ˈlæstəd
late ˈleɪt
* lately ˈleɪtli
later ˈleɪt̬ɚ
laugh ˈlæf
laughed ˈlæft
laughs ˈlæfs
law ˈlɑ:
lay ˈleɪ
leader ˈli:ḍɚ
learned ˈlɚ:nd
learning ˈlɚ:nɪŋ
least ˈli:st
leave ˈli:v
* lecture ˈlektʃɚ
* lecturer ˈlektʃrɚ [ˈlektʃɚ:]
led ˈled
left ˈleft
leg ˈleg
legs ˈlegz
less ˈles
let ˈlet
letter ˈlet̬ɚ
level ˈlevɫ
lie ˈlaɪ
lies ˈlaɪz
life ˈlaɪf
light ˈlaɪt
like ˈlaɪk
likely ˈlaɪkli
limit ˈlɪmət
line ˈlaɪn
list ˈlɪst
listen ˈlɪsn
listening ˈlɪsnɪŋ
little ˈlɪt̬ɫ
live ˈlɪv
lives ˈlɪvz
local ˈloʊkɫ
long ˈlɑ:ŋ

longer ˈlɑːŋɡɚ
look ˈlʊ̞k
looked ˈlʊkt
looking ˈlʊkɪŋ
looks ˈlʊks
* loose ˈluːs
lose ˈluːz
* loss ˈlɑːs
lost ˈlɑːst
lot ˈlɑːt
lots ˈlɑːts
love ˈlʌv
loves ˈlʌvz
low ˈloʊ
lying ˈlaɪɪŋ

M

machine məˈʃiːn
made ˈmeɪd
main ˈmeɪn
* maintenance ˈmeɪntnəns
major ˈmeɪdʒɚ
make ˈmeɪk
making ˈmeɪkɪŋ
man ˈmæn
manage ˈmænɪdʒ
managed ˈmænɪdʒd
manager ˈmænɪdʒɚ
many ˈmeni
* Mark ˈmɑɚk
marked ˈmɑɚkt
market ˈmɑɚkət
marry ˈmeri
marrying ˈmeriɪŋ
* Mary ˈmeri
matter ˈmæt̬ɚ
may ˈmeɪ
maybe ˈmeɪbi
me mi; 強 ˈmiː
mean ˈmiːn
meaning ˈmiːnɪŋ
means ˈmiːnz
meet ˈmiːt
meeting ˈmiːt̬ɪŋ
* Meg ˈmeg
member ˈmembɚ
members ˈmembɚz
memory ˈmem(ə)ri
men ˈmen
men's ˈmenz
* Merriam ˈmeriəm
* merry ˈmeri
message ˈmesɪdʒ
met ˈmet
method ˈmeθəd
middle ˈmɪd̬ɫ
* Mike ˈmaɪk
miles ˈmaɪɫz
* milk ˈmɪɫk
mind ˈmaɪnd
mine ˈmaɪn
minute ˈmɪnət
* mere ˈmɪɚ
* mirror ˈmɪrɚ [ˈmɪɚː]
miss ˈmɪs
missed ˈmɪst
misses ˈmɪsəs
mistook mɪsˈtʊk
* mixed ˈmɪkst
modern ˈmɑːd̬ɚn
mom ˈmɑːm
moment ˈmoʊmənt
moments ˈmoʊmənts
money ˈmʌni
months ˈmʌnθs, ˈmʌnts
more ˈmɔɚ
morning ˈmɔɚnɪŋ
most ˈmoʊst
mother ˈmʌðɚ
mother's ˈmʌðɚz
mountain ˈmaʊntn
mountains ˈmaʊntnz
mouths ˈmaʊðz
move ˈmuːv
moved ˈmuːvd
movements ˈmuːvmənts
* movie ˈmuːvi
Mr ˈmɪstɚ
much ˈmʌtʃ
music ˈmjuːzɪk
must məs(t); 強 ˈmʌst
my maɪ
myself maɪˈseɫf

N

name ˈneɪm
nation ˈneɪʃən
national ˈnæʃnɫ
natural ˈnætʃrəɫ
* naturally ˈnætʃrəli
nature ˈneɪtʃɚ
nearer ˈnɪrɚ [ˈnɪɚː]

nearly ˈnɪɚli

necessary ˈnesəˌseri

need ˈniːd

needs ˈniːdz

never ˈnevɚ

new nuː

news nuːz

newspaper ˈnuːzˌpeɪpɚ

newspapers ˈnuːzˌpeɪpɚz

next ˈnekst

nice ˈnaɪs

night ˈnaɪt

nine ˈnaɪn

* nineteenth ˌnaɪnˈtiːnθ

ninety ˈnaɪnt̬i

no ˈnoʊ

nobody ˈnoʊˌbɑːd̬i

north ˈnɔɚθ

not ˈnɑːt

note ˈnoʊt

notes ˈnoʊts

nothing ˈnʌθɪŋ

notice ˈnoʊt̬əs

now ˈnaʊ

number ˈnʌmbɚ

* nuts nʌts

O

* O' ə

of əv; 強 ˈɑːv, ˈʌv

off ˈɑːf

offer ˈɑːfɚ

offered ˈɑːfɚd

offering ˈɑːfrɪŋ

office ˈɑːfəs

officer ˈɑːfəsɚ

officials əˈfɪʃəɫz

often ˈɑːfən, ˈɑːftən

oh ˈoʊ

oil ˈɔɪɫ

oils ˈɔɪɫz

okay ˌoʊˈkeɪ

old ˈoʊɫd

on ɑːn

once ˈwʌns

one ˈwʌn

only ˈoʊnli

open ˈoʊpən

opened ˈoʊpənd

operation ˌɑːpəˈreɪʃən

or ɚ; 強 ˈɔɚ

order ˈɔɚd̬ɚ

ordered ˈɔɚd̬ɚd

other ˈʌðɚ

others ˈʌðɚz

our ɑɚ; 強 aʊɚ, ɑɚ

* ourselves ɑɚˈseɫvz

out ˈaʊt

outside aʊtˈsaɪd

over ˈoʊvɚ

own ˈoʊn

P

pages ˈpeɪdʒəz

paid ˈpeɪd

pain ˈpeɪn

paint ˈpeɪnt

painted ˈpeɪnt̬əd

paintings ˈpeɪnt̬ɪŋz

* Palisades ˌpæləˈseɪdz

paper ˈpeɪpɚ

* Paramount ˈperəˌmaʊnt

parent ˈperənt

parents ˈperənts

park ˈpɑɚk

parked ˈpɑɚkt

* Parker ˈpɑɚkɚ

part ˈpɑɚt

parties ˈpɑɚt̬iz

* partition ˌpɑɚˈtɪʃən

party ˈpɑɚt̬i

pass ˈpæs

past ˈpæst

patient ˈpeɪʃənt

pattern ˈpæt̬ɚn

pay ˈpeɪ

peace ˈpiːs

people ˈpiːpɫ

percent pɚˈsent

perhaps pɚˈhæps

period ˈpɪriəd

person ˈpɚːsn

personal ˈpɚːsnɫ

phone ˈfoʊn

picked ˈpɪkt

picture ˈpɪktʃɚ

* pie ˈpaɪ

piece ˈpiːs

pieces ˈpiːsəz

place ˈpleɪs

plan ˈplæn

plant ˈplænt

planted ˈplænt̬əd
plants ˈplænts
play ˈpleɪ
player ˈpleɪɚ
players ˈpleɪɚz
playing ˈpleɪɪŋ
plays ˈpleɪz
please ˈpli:z
* pleasure ˈpleʒɚ
point ˈpɔɪnt
points ˈpɔɪnts
police pəˈli:s
political pəˈlɪt̬əkł
poor ˈpʊɚ, ˈpɔɚ
popular ˈpɑ:pjʊlɚ
population ˌpɑ:pjʊˈleɪʃən
* port ˈpɔɚt
position pəˈzɪʃən
possible ˈpɑ:səbł
* pot ˈpɑ:t
pound ˈpaʊnd
power ˈpaʊɚ
practice ˈpræktəs
prepare prɪˈpeɚ
present ˈpreznt
president ˈprezəd̬ənt
president's ˈprezəd̬ənts
pressure ˈpreʃɚ
pretty ˈprɪt̬i
price ˈpraɪs
prices ˈpraɪsəz
probably ˈprɑ:bəbli, ˈprɑ:bli
problem ˈprɑ:bləm
problems ˈprɑ:bləmz
produced prəˈdu:st
products ˈprɑ:dʌkts
programmed ˈproʊgræmd
promise ˈprɑ:məs
promises ˈprɑ:məsəz
promising ˈprɑ:məsɪŋ
public ˈpʌblɪk
pull ˈpʊł
pulled ˈpʊłd
purposes ˈpɚ:pəsəz
pushed ˈpʊʃt
put ˈpʊt
put on ˌpʊt̬ˈɑ:n

Q

question ˈkwestʃən
quick ˈkwɪk
quickly ˈkwɪkli
quiet ˈkwaɪət
quite ˈkwaɪt

R

race ˈreɪs
racing ˈreɪsɪŋ
radio ˈreɪd̬ioʊ
rain ˈreɪn
rains ˈreɪnz
raise ˈreɪz
* Raleigh ˈrɑ:li
rang ˈræŋ
rate ˈreɪt
rates ˈreɪts
rather ˈræðɚ
reach ˈri:tʃ
read ˈri:d
read ˈred
reading ˈri:d̬ɪŋ
real ˈri:əł
really ˈri:əli
reason ˈri:zn
received rɪˈsi:v
record 名 ˈrekɚd
record 動 rɪˈkɔɚd
red ˈred
refuse rɪˈfju:z
relationship rəˈleɪʃənˌʃɪp
remain rɪˈmeɪn
remembered rɪˈmembɚ
report rɪˈpɔɚt
rest ˈrest
results rɪˈzʌłt
returned rɪˈtɚ:nd
rice ˈraɪs
rich ˈrɪtʃ
ride ˈraɪd
rides ˈraɪdz
right ˈraɪt
rise ˈraɪz
risen ˈrɪzn
rises ˈraɪzəz
river ˈrɪvɚ
road ˈroʊd
rock ˈrɑ:k
rocked ˈrɑ:kt
rocks ˈrɑ:ks
rode ˈroʊd
* Roger ˈrɑ:dʒɚ
room ˈru:m, ˈrʊm

rose ˈroʊz

roses ˈroʊzəz

rounded ˈraʊndəd

* rubies ˈruːbiz

rule ˈruːɫ

run ˈrʌn

running ˈrʌnɪŋ

S

safe ˈseɪf

safer ˈseɪfɚ

said ˈsed

sales ˈseɪɫz

same ˈseɪm

sat ˈsæt

Saturday ˈsæt̬ɚˌdeɪ

* sauce ˈsɑːs

saved ˈseɪvd

saw ˈsɑː

say ˈseɪ

saying ˈseɪɪŋ

says ˈsez

schools ˈskuːɫz

science ˈsaɪəns

scientists ˈsaɪənt̬əsts

* screen ˈskriːn

sea ˈsiː

* Sean ˈʃɑːn

season ˈsiːzn

seat ˈsiːt

second ˈsekənd

see ˈsiː

seems ˈsiːmz

seen ˈsiːn

selling ˈselɪŋ

send ˈsend

sense ˈsens

sent ˈsent

September sepˈtembɚ

series ˈsɪriːz

serious ˈsɪriəs

serviced ˈsɚːvəst

serving ˈsɚːvɪŋ

set ˈset

sets ˈsets

seven ˈsevən

seventeen ˌsevənˈtiːn

several ˈsevrəɫ

* Shakespeare ˈʃeɪkspɪɚ

shaking ˈʃeɪkɪŋ

shall ʃəɫ; 強 ˈʃæɫ

shape ˈʃeɪp

share ˈʃeɚ

sharing ˈʃerɪŋ

she ʃi; 強 ʃiː

ship ˈʃɪp

shook ˈʃʊk

shop ˈʃɑːp

shopping ˈʃɑːpɪŋ

* shore ˈʃɔɚ

short ˈʃɔɚt

should ʃəd; 強 ˈʃʊd

shoulders ˈʃoʊɫdɚz

shouted ˈʃaʊt̬əd

show ˈʃoʊ

showing ˈʃoʊɪŋ

shown ˈʃoʊn

sick ˈsɪk

side ˈsaɪd

sign ˈsaɪn

similar ˈsɪməlɚ

simple ˈsɪmpɫ

since ˈsɪns

sing ˈsɪŋ

* singer ˈsɪŋɚ

singing ˈsɪŋɪŋ

single ˈsɪŋgɫ

sir ˈsɚː

sister's ˈsɪstɚz

sisters ˈsɪstɚz

sit ˈsɪt

sitting ˈsɪt̬ɪŋ

situation ˌsɪtʃuˈeɪʃən

six ˈsɪks

sixteen ˌsɪksˈtiːn

size ˈsaɪz

sizes ˈsaɪzəz

skills ˈskɪɫz

skin ˈskɪn

sky ˈskaɪ

sleep ˈsliːp

slow ˈsloʊ

slowly ˈsloʊli

small ˈsmɑːɫ

smile ˈsmaɪɫ

smiles ˈsmaɪɫz

* Smith ˈsmɪθ

so ˈsoʊ

social ˈsoʊʃəɫ

society səˈsaɪət̬i

sold ˈsoʊɫd

some səm, sm; 強 ˈsʌm

* somebody ˈsʌmˌbɑ:ḍi
someone ˈsʌmˌwʌn
something ˈsʌmˌθɪŋ
sometimes ˈsʌmˌtaɪmz
* somewhere ˈsʌmˌweɚ
son ˈsʌn
son's ˈsʌnz
song ˈsɑ:ŋ
songs ˈsɑ:ŋz
soon ˈsu:n
sorry ˈsɔ:ri
sort ˈsɔɚt
sound ˈsaʊnd
* sour ˈsaʊɚ
* source ˈsɔɚs
south ˈsaʊθ
space ˈspeɪs
speak ˈspi:k
speaker ˈspi:kɚ
speaking ˈspi:kɪŋ
special ˈspeʃəɫ
speech ˈspi:tʃ
spend ˈspend
sports ˈspɔɚts
spread ˈspred
spring ˈsprɪŋ
stage ˈsteɪdʒ
stand ˈstænd
standards ˈstændɚdz
standing ˈstændɪŋ
star ˈstɑɚ
* staring ˈsterɪŋ
starring ˈstɑ:rɪŋ
stars ˈstɑɚz

start ˈstɑɚt
starts ˈstɑɚts
states ˈsteɪts
station ˈsteɪʃən
stations ˈsteɪʃənz
stay ˈsteɪ
stayed ˈsteɪd
step ˈstep
* Steve ˈsti:v
still ˈstɪɫ
stone ˈstoʊn
stood ˈstʊd
stop ˈstɑ:p
stopped ˈstɑ:pt
stored ˈstɔɚd
stores ˈstɔɚz
story ˈstɔ:ri
straight ˈstreɪt
strange ˈstreɪndʒ
street ˈstri:t
* stress ˈstres
strong ˈstrɑ:ŋgɚ
strongest ˈstrɑ:ŋgəst
stuck ˈstʌk
students ˈstu:dnts
study ˈstʌḍi
studying ˈstʌḍiɪŋ
style ˈstaɪɫ
subject ˈsʌbdʒɪkt
* submarines ˈsʌbməˌri:nz
* submit səbˈmɪt
* subway ˈsʌbˌweɪ
success səkˈses
successful səkˈsesfɫ

such ˈsʌtʃ
suddenly ˈsʌdnli
suggested sə(g)ˈdʒestəd
* Sullivan ˈsʌləvən
summer ˈsʌmɚ
sun ˈsʌn
Sunday ˈsʌnˌdeɪ
sung ˈsʌŋ
support səˈpɔɚt
supposed səˈpoʊzd
sure ˈʃʊɚ, ˈʃɚ:, ˈʃɔɚ
surprise sɚˈpraɪz
* sustainable səˈsteɪnəbɫ
* sweet ˈswi:t
system ˈsɪstəm

T

table ˈteɪbɫ
take ˈteɪk
taking ˈteɪkɪŋ
* tales ˈteɪɫz
talk ˈtɑ:k
talking ˈtɑ:kɪŋ
* tart ˈtɑɚt
taught ˈtɑ:t
tea ˈti:
teacher ˈti:tʃɚ
teachers ˈti:tʃɚz
teaching ˈti:tʃɪŋ
team ˈti:m
technology tekˈnɑ:lədʒi
* Ted's ˈtedz
teeth ˈti:θ
telephone ˈteləˌfoʊn

television ˈteləˌvɪʒən
tell ˈteɫ
ten ˈten
test ˈtest
tests ˈtests
than ðən; 強 ˈðæn
thank ˈθæŋk
that ðət; 強 ˈðæt
* that's ðəts; 強 ˈðæts
the ði, ðə; 強 ˈði:
theatre ˈθi:əṱɚ
their ðeɚ
them ðəm, əm; 強 ˈðeɚ
themselves ðəmˈseɫvz
then ˈðen
theory ˈθi:əri, ˈθɪri
there ðɚ; 強 ˈðeɚ
therefore ˈðeɚˌfɔɚ
there's ðɚz; 強 ˈðeɚz
these ˈði:z
they ðeɪ
they're ðɚ; 強 ˈðeɚ
thin ˈθɪn
thing ˈθɪŋ
things ˈθɪŋz
think ˈθɪŋk
thinking ˈθɪŋkɪŋ
third ˈθɚ:d
thirty ˈθɚ:ṱi
this ˈðɪs
those ˈðoʊz
though ðoʊ
thought ˈθɑ:t
thousand ˈθaʊzənd

thousands ˈθaʊzəndz
three ˈθri:
through ˈθru:
thrown ˈθroʊn
time ˈtaɪm
* tin ˈtɪn
to tu, tʊ, tə; 強 ˈtu:
today tʊˈdeɪ
together tʊˈgeðɚ
told ˈtoʊɫd
* Tom ˈtɑ:m
* tomato təˈmeɪṱoʊ
tomorrow tʊˈmɑ:roʊ
* tone ˈtoʊn
tonight tʊˈnaɪt
too ˈtu:
took ˈtʊk
top ˈtɑ:p
* topmost ˈtɑ:pˌmoʊst
* tore ˈtɔɚ
total ˈtoʊṱɫ
touch ˈtʌtʃ
toward twɔɚd
town ˈtaʊn
trades ˈtreɪdz
traditional trəˈdɪʃnɫ
train ˈtreɪn
training ˈtreɪnɪŋ
travel ˈtrævɫ
treated ˈtri:ṱəd
tree ˈtri:
tried ˈtraɪd
tripped ˈtrɪpt
trouble ˈtrʌbɫ

true ˈtru:
truth ˈtru:θ
try ˈtraɪ
trying ˈtraɪɪŋ
* tune ˈtu:n
turn ˈtɚ:n
turned ˈtɚ:nd
turning ˈtɚ:nɪŋ
* twentieth ˈtwenṱiəθ
twenty ˈtwenṱi
twenty-fifth ˈtwenṱiˈfɪfθ
two ˈtu:
type ˈtaɪp

U

under ˈʌndɚ
understand ˌʌndɚˈstænd
understood ˌʌndɚˈstʊd
united juˈnaɪṱəd
university ˌju:nəˈvɚ:səṱi
unless ənˈles
until ənˈtɪɫ
up ˈʌp
upon əˈpɑ:n
US ˈju:ˈes
use ˈju:z
used ˈju:zd
usually ˈju:ʒuəli

V

value ˈvælju
various ˈveriəs
* verse ˈvɚ:s
very ˈveri

view ˈvjuː
views ˈvjuːz
visit ˈvɪzət
voice ˈvɔɪs

W

* waist ˈweɪst
wait ˈweɪt
waiting ˈweɪtɪŋ
walk ˈwɑːk
walked ˈwɑːkt
walks ˈwɑːks
wall ˈwɑːɫ
* wandering ˈwɑːndərɪŋ
want ˈwɑːnt
wanted ˈwɑːnt̬əd
war ˈwɔɚ
warm ˈwɔɚm
was wəz; 強 ˈwɑːz, ˈwʌz
wash ˈwɑːʃ
washed ˈwɑːʃt
wasn't ˈwɑːznt, ˈwʌznt
waste ˈweɪst
watch ˈwɑːtʃ
watches ˈwɑːtʃəz
watching ˈwɑːtʃɪŋ
water ˈwɑːt̬ɚ
wave ˈweɪv
waves ˈweɪvz
way ˈweɪ
we wi; 強 wiː
wear ˈweɚ
wearing ˈwerɪŋ
* Webster ˈwebstɚ

week ˈwiːk
weeks ˈwiːks
welcome ˈweɫkəm
well ˈweɫ
* we'll wiːɫ
went ˈwent
were ˈwɚ; 強 ˈwɚː
we're wiːɚ, wɪɚ
weren't ˈwɚːnt
west ˈwest
what ˈwʌt, 弱 wət
* what's ˈwʌts, 弱 wəts
whatever ˌwʌt̬ˈevɚ
when ˈwen, 弱 wən
where ˈweɚ, 弱 wɚ
* whether ˈweðɚ
which ˈwɪtʃ
while waɪɫ
white ˈwaɪt
who 強 ˈhuː, 弱 (h)u
whole ˈhoʊɫ
whose ˈhuːz
why ˈwaɪ
widest ˈwaɪd̬əst
wife ˈwaɪf
wilder ˈwaɪɫdɚ
will wəɫ; 強 ˈwɪɫ
win ˈwɪn
window ˈwɪndoʊ
windows ˈwɪndoʊz
winning ˈwɪnɪŋ
winter ˈwɪnt̬ɚ
wish ˈwɪʃ
wishes ˈwɪʃəs

with wɪð
within wɪˈðɪn
without wɪˈðaʊt
woman ˈwʊmən
women ˈwɪmən
won ˈwʌn
won't ˈwoʊnt
wonder ˈwʌndɚ
wonderful ˈwʌndɚfɫ
* woo ˈwuː
wood ˈwʊd
* woozy ˈwuːzi
words ˈwɚːdz
work ˈwɚːk
workers ˈwɚːkɚz
working ˈwɚːkɪŋ
works ˈwɚːks
world ˈwɚːɫd
worn ˈwɔɚn
worry ˈwɚːri
worse ˈwɚːs
worst ˈwɚːst
worth ˈwɚːθ
would (w)əd; 強 ˈwʊd
wouldn't ˈwʊdnt
writer ˈraɪt̬ɚ
writers ˈraɪt̬ɚz
writing ˈraɪt̬ɪŋ
written ˈrɪtn
wrong ˈrɑːŋ

Y

yeah ˈjeə
year ˈjɪɚ

years ˈjɪɚz

* yeast ˈjiːst

yes ˈjes

yesterday ˈjestɚˌdeɪ

yet ˈjet

* York ˈjɔɚk

you ju, jʊ, jə; 強 ˈjuː

* you'll juːɫ

young ˈjʌŋ

younger ˈjʌŋgɚ

your jɚ; 強 ˈjʊɚ, ˈjɔɚ

* you're jɚ; 強 ˈjʊɚ, ˈjɔɚ

yourself jɚˈseɫf

Z

* Z ˈziː

参考文献

Bolinger, Dwight L. 1982. *Intonation and Its Parts: Melody in Spoken English*. Stanford: Stanford University Press.

Dictionary by Merriam-Webster: America's most-trusted online dictionary. https://www.merriam-webster.com

Ide, N. and K. Suderman. 2004. "The American National Corpus First Release." *Proceedings of the Fourth Language Resources and Evaluation Conference (LREC),* Lisbon, 1681–84.

Labov, William. 1966/2006. *The Social Stratification of English in New York City*. 2nd ed. Cambridge: Cambridge University Press.

Ladefoged, P. and K. Johnson. 2015. *A Course in Phonetics*. 7th ed. Stamford, CT: Cengage Learning

牧野武彦．2005.『日本人のための英語音声学レッスン』東京：大修館書店.

Saito, Kazuya, Pavel Trofimovich and Talia Issacs. 2016. "Second language speech production: Investigating linguistic correlates of comprehensibility and accentedness for learners at different ability levels." *Applied Psycholinguistics* 37.2: 217–240.

鈴木博．1992.「言語技術としてのプロソディー」『月刊言語』第20巻第9号：38–45. 東京：大修館書店.

『オーレックス英和辞典』第2版．旺文社，2013年.

『グランドセンチュリー英和辞典』第4版．三省堂，2017年.

『コンパスローズ英和辞典』研究社，2018年.

『ジーニアス英和辞典』第5版．大修館書店，2014年.

『新英和大辞典』第6版．研究社，2002年.

『ライトハウス英和辞典』第6版．研究社，2012年.

あとがき

本書は私にとって、2005年に大修館書店から出版した『日本人のための英語音声学レッスン』以来、16年ぶりの書き下ろしです。前著はあくまでも英語音声学の教科書であり、理論の説明が中心でしたので、発音を実質的に練習するために本書のような本が必要であることは、当時から認識していました。今回それを実現できたことを大変うれしく思います。

前著でもそうだったのですが、本書でも音声材料を先にレコーディングして、それに基づいて本文を書くという手順をとりました。付属音声のレコーディングは、英語を素材とした本の作成にとって、ある意味で鬼門とも呼ぶべき段階です。ほとんどの本では、本文を完成させた後でレコーディングに入るという手順がとられていると思いますが、いわゆる「標準的」な言葉と完全に一致する発音を持つ話者は現実にはほとんどいないため、多かれ少なかれ、意図しない発音が現れるものです。加えて、台本に物言いがついて変更を余儀なくされ、本文の修正が必要になることもありますし、逆に、ナレーターに無理を言って、本人にとっては不自然な発音をやってもらうということも起こります。

しかし発音自体がテーマの本の場合、そのようなことは命取りになります。まして本書のように多数の用例を使う本では、どれだけ綿密に調査の上で書いても、ナレーターがそれと一致しない発音をする例が数多く出てくることは確実でした。そうならないためには、どうしてもレコーディングを先に行う必要があったのです。本書では、レコーディングに際して「自分が気持ちいい速度より少しゆっくりめで」という指示だけを出していますので、ナレーターにとってほぼ自然な発音を収録できているという点を保証できます。結果、英語音声学の標準的な記述や辞書の記載から外れる発音も入っていますが、母語話者としてそれで問題なく生活しているということを重視して、注記は加えるものの、現実の発音としてそのまま提示しています。もちろん、このまま覚えてしまって問題ありません。

本書の元々のアイディアは、基本1000語の発音を正しくすることで発音の9割は正しくなるので、その1000語を過不足なく含む用例で練習させるのが有効だろうというものでした。しかし、そのために一体いくつの用例が必要なのか、予め見通しがあったわけではありません。できるだけ少ない数に抑える方が望ましいのは明らかでしたが、最終的におよそ300の用例に落ち着くまでには多くの困難がありました。

用例の３分の１ほどは研究社の『ライトハウス英和辞典』と『ルミナス英和辞典』から取りましたが、その他のものは自作です。結果的に、第２部の用例に数字、曜日名、月の名前を全て含めることは断念し、また、少数ながらその他にも1000語に対する過不足が出てしまいました。それでも、基本語の範囲は資料によって異なるということを考えれば、全体としては目的通りの用例を揃えることができたと思います。用例の妥当性の検証については早稲田大学教授のRalph Roseさんのお世話になりました。

レコーディングした音声をどのように料理するかということも、予め完全に見通せていたわけではありません。正直に言えば、レコーディング完了後しばらくは、一体これをどうすればいいのか途方に暮れたりもしました。最終的には英語音声学の研究者として腹を括ってレコーディング音声を分析し、それに基づいて第２部の構成を可能な限り理論的に妥当なものに組み上げるという正攻法により何とか乗り越えることができました。これが本書の最大の特徴である、用例のきめ細かい解説につながっています。

最初にも書きましたが、本書は私にとって16年ぶりの書き下ろしです。すでに次の本の構想を持っていたにもかかわらずこれほどまでに間隔が開いてしまった理由の一部は健康上の問題でした。双極性障害（以前は躁うつ病と呼ばれ、近い将来に双極症に再改称予定）を発症したために無理がきかなくなってしまったのです。そのため、１人で本を書き下ろすという、身を削る仕事には慎重にならざるを得ませんでした。

本書につながる企画の話を研究社（当時）の高野渉さんからいただいたのは2018年９月のことでした。それは健康を徐々に取り戻し、いつまでも「リハビリ」をしているわけにはいかないなと考え始めていたタイミングでした。躊躇も少なからずありましたが、このような話をいただいたこと自体、そろそろ「復帰」するべき頃合いになったのだろうと前向きに考え、一歩を踏み出すことにしたのです。ただし、決して過度に無理はしないということを誓って仕事にあたりました。

このように個人的なことは本来ここに書くべきでないのかもしれません。しかし、この厄介な病気を何とかコントロールすることを可能にしてくれた医学の進歩に敬意を表するとともに、そのことにより本書を書き上げることができたサバイバーがここにいるということを、0.8% とも言われる生涯有病率から考えて読者の中にも必ずいるに違いない、同じ病気を持つ方々に向けても記しておきたかったのです。

本書は完成までに３年以上という長い期間を要しました。無理をしないという大前提があった上に、先ほど書いたような手間のかかる執筆手順だったからです。途中コロナ禍でレコーディングが延び延びになるという不運もありましたが、それよりも私自身の仕事の遅さが問題でした。その結果、高野さんが研究社を退職されるまでに本書を完成することができないという事態を招いてしまったのは本当に痛恨でした。ですが、その後を引き継いだ金子靖さんが見事に完成にまで導いて下さいました。お２人に感謝いたします。

私として最大限にオリジナリティを発揮しようと努めた本であるため、読者の方々にどのように受け入れてもらえるかということが楽しみでもあり、同時に怖くもあります。本書により、皆さんにとっていささかでも発音の練習が有意義になり、手ごたえを感じていただけることを願いたいと思います。

2021 年 11 月

牧野武彦

著者紹介

牧野武彦（まきの　たけひこ）

中央大学経済学部教授。1965 年生まれ、東京外国語大学大学院外国語学研究科ゲルマン系言語専攻修士課程修了。専門は英語音声学。

『新英和大辞典』第 6 版（研究社）、『グランドセンチュリー英和辞典』第 4 版（三省堂）の発音表記を担当。著書に、『日本人のための英語音声学レッスン』（大修館書店）、『大人の英語発音講座』（共著、日本放送出版協会）、訳書に『音声学概説』（共訳、大修館書店）、『英語系諸言語』（共訳、三省堂）。

● ナレーション ●

Bill Sullivan

Julia Yermakov

● 音声収録・編集協力 ●

東京録音

アート・クエスト

渾天堂

文(ぶん)レベルで徹底(てってい)
英語発音(えいごはつおん)トレーニング

● 2021 年 12 月 28 日　初版発行 ●

● 著者 ●
牧野武彦(まきのたけひこ)

発行者 ● 吉田尚志

発行所 ● 株式会社　研究社

〒 102-8152　東京都千代田区富士見 2-11-3

電話　営業 03-3288-7777（代）　編集 03-3288-7711（代）

振替　00150-9-26710

https://www.kenkyusha.co.jp/

KENKYUSHA

装丁 ● 久保和正

レイアウト ● 渾天堂

印刷所 ● 研究社印刷株式会社

ISBN 978-4-327-45306-0 C1082　Printed in Japan